Inhalt

Teil 1: Die Formen des Verbs

FREMDSPRACHENTEXTE · LATEIN

Lateinische Grammatik

Ein Repetitorium mit besonderer Berücksichtigung des Verbs

Von Fritz Fajen

Reclam

RECLAMS UNIVERSAL-BIBLIOTHEK Nr. 19782
2010, 2018 Philipp Reclam jun. GmbH & Co. KG,
Siemensstraße 32, 71254 Ditzingen
Durchgesehene Auflage 2017
Druck und Bindung: Canon Deutschland Business Services GmbH,
Siemensstraße 32, 71254 Ditzingen
Printed in Germany 2018
RECLAM, UNIVERSAL-BIBLIOTHEK und
RECLAMS UNIVERSAL-BIBLIOTHEK sind eingetragene Marken
der Philipp Reclam jun. GmbH & Co. KG, Stuttgart
ISBN 978-3-15-019782-0

www.reclam.de

Teil 3: Die Formen des Nomens und des Pronomens

1 Die Deklination des Substantivs und des Adjektivs   83

Vorbemerkung

Dieses Repetitorium soll Gelegenheit geben, schon vorhandene Kenntnisse der lateinischen Grammatik in kurzer Zeit zu wiederholen und zu vertiefen. Es wendet sich in erster Linie an Schüler und Studenten, die sich auf eine Prüfung vorbereiten und das gebotene Wissen so schnell wie möglich wiedergewinnen müssen, nicht zuletzt aber auch an all diejenigen, die früher Latein gelernt haben und es noch einmal wissen wollen. Demgemäß bleibt im Folgenden die *Syntax des Nomens* unbeachtet: Ihre Regeln können zum großen Teil – jedenfalls was den Kasusgebrauch anbetrifft – einer Wortkunde (wie dem *Standardwortschatz Latein*, Reclams Universal-Bibliothek Nr. 19780) entnommen werden, welche die *Verwendung* des Vokabulars berücksichtigt.

Teil 1: Die Formen des Verbs

1 Das regelmäßige Verb

Nach dem Auslaut des Präsensstamms lassen sich fünf Konjugationsklassen unterscheiden, drei, deren Stamm mit einem Langvokal endet (-*a*, -*e*, -*i*), eine mit konsonantischem Stammauslaut, eine, deren Stamm auf kurzes -*i* ausgeht.

1.1 Die finiten Formen

1.1.1 *Die finiten Formen des aktiven und passiven Präsensstamms*

Aktivum:

Präsens, Indikativ				
laud-o (< laúda-o[1])	déle-o	aúdi-o	ag-o	cápi-o
lauda-s	dele-s	audi-s	ag-i-s[3]	capi-s
lauda-t	dele-t	audi-t	ag-i-t	capi-t
laudá-mus	delé-mus	audí-mus	ág-i-mus	cápi-mus
laudá-tis	delé-tis	audí-tis	ág-i-tis	cápi-tis
lauda-nt	dele-nt	aúdi-unt[2]	ag-u-nt	cápi-unt[2]

1 Der Akzent, hier und im Folgenden auf Wörter gesetzt, die aus mehr als zwei Silben bestehen, gehört nicht der lateinischen Orthographie an. Er soll dem Benutzer, dem die Betonungsregeln nicht geläufig sind, lediglich helfen, das jeweilige Wort richtig zu akzentuieren. In Teil 2 ist er nur dort verwendet, wo er oft verfehlt wird oder aber auf jeden Fall beachtet werden sollte, in Teil 3 hingegen wieder ausnahmslos wie im vorliegenden Teil 1.

2 Zu -*unt* vgl. nebenstehendes ag-u-nt: Aus der konsonantischen Konjugation ist der Ausgang in die *i*-Konjugationen eingedrungen.

3 Das kurze -*i*- im Indikativ des Präsens der Verben mit konsonantischem Stammauslaut ist Hilfsvokal zur Vermeidung einer Konsonantenhäufung; vor -*nt* wird es zu -*u*-.

Imperfekt, Indikativ				
laudá-ba-m	delé-ba-m	audi-éba-m[1]	ag-é-ba-m	capi-éba-m[1]
laudá-ba-s	delé-ba-s	audi-éba-s	ag-é-ba-s	capi-éba-s
laudá-ba-t	delé-ba-t	audi-éba-t	ag-é-ba-t	capi-éba-t
lauda-bá-mus	dele-bá-mus	audi-ebá-mus	ag-e-bá-mus	capi-ebá-mus
lauda-bá-tis	dele-bá-tis	audi-ebá-tis	ag-e-bá-tis	capi-ebá-tis
laudá-ba-nt	delé-ba-nt	audi-éba-nt	ag-é-ba-nt	capi-éba-nt

1 Das -*e*- in -*eba*- ist hier und in den übrigen Formen aus der konsonantischen Konjugation eingedrungen: Vgl. ag-é-ba-m, das sein -*e*- seinerseits aus der *e*-Konjugation, wo es Stammauslaut (!) ist, zur Vermeidung einer Konsonantenhäufung entlehnt hat.

Futur I (nur Indikativ)				
laudá-b-o	delé-b-o	aúdi-a-m	ag-a-m	cápi-a-m
laudá-bi-s	delé-bi-s	aúdi-e-s	ag-e-s	cápi-e-s
laudá-bi-t	delé-bi-t	aúdi-e-t	ag-e-t	cápi-e-t
laudá-bi-mus	delé-bi-mus	audi-é-mus	ag-é-mus	capi-é-mus
laudá-bi-tis	delé-bi-tis	audi-é-tis	ag-é-tis	capi-é-tis
laudá-bu-nt[1]	delé-bu-nt[1]	aúdi-e-nt	ag-e-nt	cápi-e-nt

1 Kurzes -*i*- wird vor -*nt* zu -*u*-; vgl. ag-u-nt.

Eine unmittelbare Zukunft wird durch die *coniugatio periphrastica* bezeichnet, welche mit Hilfe des aktiven Futurstammpartizips (siehe 1.2.1) und der finiten Formen von *esse* (siehe 2.1.1) gebildet wird: Laudatúrus (-a) sum. *Ich bin im Begriff zu loben.* Siehe auch Teil 2, 2.2.

Präsens, Konjunktiv				
laud-e-m[1]	déle-a-m	aúdi-a-m	ag-a-m	cápi-a-m
laud-e-s	déle-a-s	aúdi-a-s	ag-a-s	cápi-a-s
laud-e-t	déle-a-t	aúdi-a-t	ag-a-t	cápi-a-t
laud-é-mus	dele-á-mus	audi-á-mus	ag-á-mus	capi-á-mus
laud-é-tis	dele-á-tis	audi-á-tis	ag-á-tis	capi-á-tis
laud-e-nt	déle-a-nt	aúdi-a-nt	ag-a-nt	cápi-a-nt

1 Die aktiven Konjunktive des Präsens der *a*-Konjugation sind aus láuda-e-m usw. entstanden.

Imperfekt, Konjunktiv				
laudá-re-m	delé-re-m	audí-re-m	ág-e-re-m[1]	cápe-re-m[1]
laudá-re-s	delé-re-s	audí-re-s	ág-e-re-s	cápe-re-s
laudá-re-t	delé-re-t	audí-re-t	ág-e-re-t	cápe-re-t
lauda-ré-mus	dele-ré-mus	audi-ré-mus	ag-e-ré-mus	cape-ré-mus
lauda-ré-tis	dele-ré-tis	audi-ré-tis	ag-e-ré-tis	cape-ré-tis
laudá-re-nt	delé-re-nt	audí-re-nt	ág-e-re-nt	cápe-re-nt

1 Hier und in den übrigen Formen: Kurzes -*i*- wird vor -*r*- zu -*e*-. Vgl. den Wandel des kurzen -*i*- vor -*nt* zu *u* in ag-u-nt.

Imperativ I				
lauda!	dele!	audi!	ag-e[1]!	cape!
laudá-te!	delé-te!	audí-te!	ág-i-te!	cápi-te!

1 Aber entsprechend lauda! / dele! / audi! bloßer Stamm bei dícere und dúcere: dic! / duc! Danach fac! bei fácere.

Imperativ II				
laudá-to!	delé-to!	audí-to!	ág-i-to!	cápi-to!
laudá-to!	delé-to!	audí-to!	ág-i-to!	cápi-to!
lauda-tóte!	dele-tóte!	audi-tóte!	ag-i-tóte!	capi-tóte!
laudá-nto!	delé-nto!	audi-únto[1]!	ag-ú-nto!	capi-únto[1]!

1 Zu -unto vgl. nebenstehendes ag-ú-nto: Aus der konsonantischen Konjugation ist der Ausgang in die *i*-Konjugationen eingedrungen.

Passivum:

Präsens, Indikativ				
laud-or (< laúda-or)	déle-or	áudi-or	ag-or	cápi-or
laudá-ris	delé-ris	audí-ris	ág-e-ris[1]	cápe-ris[1]
laudá-tur	delé-tur	audí-tur	ág-i-tur	cápi-tur
laudá-mur	delé-mur	audí-mur	ág-i-mur	cápi-mur
laudá-mini	delé-mini	audí-mini	ag-í-mini	capí-mini
laudá-ntur	delé-ntur	audi-úntur	ag-ú-ntur	capi-úntur

1 Vor -r- wird kurzes -*i*- zu -*e*-. Vgl. ág-e-re-m, cápe-re-m. Im Übrigen siehe die vorausgehenden Anmerkungen zur Konjugation der finiten Formen des *Aktivs*.

Imperfekt, Indikativ				
laudá-ba-r	delé-ba-r	audi-éba-r	ag-éba-r	capi-éba-r
lauda-bá-ris	dele-bá-ris	audi-ebá-ris	ag-ebá-ris	capi-ebá-ris
lauda-bá-tur	dele-bá-tur	audi-ebá-tur	ag-ebá-tur	capi-ebá-tur
lauda-bá-mur	dele-bá-mur	audi-ebá-mur	ag-ebá-mur	capi-ebá-mur
lauda-bá-mini	dele-bá-mini	audi-ebá-mini	ag-ebá-mini	capi-ebá-mini
lauda-bá-ntur	dele-bá-ntur	audi-ebá-ntur	ag-ebá-ntur	capi-ebá-ntur

Futur I (nur Indikativ)				
laudá-b-or	delé-b-or	aúdi-a-r	ag-a-r	cápi-a-r
laudá-be-ris	delé-be-ris	audi-é-ris	ag-é-ris	capi-é-ris
laudá-bi-tur	delé-bi-tur	audi-é-tur	ag-é-tur	capi-é-tur
laudá-bi-mur	delé-bi-mur	audi-é-mur	ag-é-mur	capi-é-mur
lauda-bí-mini	dele-bí-mini	audi-é-mini	ag-é-mini	capi-é-mini
lauda-bú-ntur	dele-bú-ntur	audi-é-ntur	ag-é-ntur	capi-é-ntur

Präsens, Konjunktiv				
laud-e-r[1]	déle-a-r	aúdi-a-r	ag-a-r	cápi-a-r
laud-é-ris	dele-á-ris	audi-á-ris	ag-á-ris	capi-á-ris
laud-é-tur	dele-á-tur	audi-á-tur	ag-á-tur	capi-á-tur
laud-é-mur	dele-á-mur	audi-á-mur	ag-á-mur	capi-á-mur
laud-é-mini	dele-á-mini	audi-á-mini	ag-á-mini	capi-á-mini
laud-é-ntur	dele-á-ntur	audi-á-ntur	ag-á-ntur	capi-á-ntur

1 Die passiven Konjunktive des Präsens der *a*-Konjugation sind aus laúda-e-r usw. entstanden.

Imperfekt, Konjunktiv				
laudá-re-r	delé-re-r	audí-re-r	ág-e-re-r	cápe-re-r
lauda-ré-ris	dele-ré-ris	audi-ré-ris	ag-e-ré-ris	cape-ré-ris
lauda-ré-tur	dele-ré-tur	audi-ré-tur	ag-e-ré-tur	cape-ré-tur
lauda-ré-mur	dele-ré-mur	audi-ré-mur	ag-e-ré-mur	cape-ré-mur
lauda-ré-mini	dele-ré-mini	audi-ré-mini	ag-e-ré-mini	cape-ré-mini
lauda-ré-ntur	dele-ré-ntur	audi-ré-ntur	ag-e-ré-ntur	cape-ré-ntur

Imperativ I				
laudá-re!	delé-re!	audí-re!	ág-e-re!	cápe-re!
laudá-mini!	delé-mini!	audí-mini!	ag-í-mini!	capí-mini!

Imperativ II				
laudá-tor!	delé-tor!	audí-tor!	ág-i-tor!	cápi-tor!
laudá-tor!	delé-tor!	audí-tor!	ág-i-tor!	cápi-tor!
laudá-ntor!	delé-ntor !	audi-úntor!	ag-ú-ntor!	capi-úntor!

Einzelne Formen des passiven Imperativs sind nicht belegt.

1.1.2 *Die finiten Formen des aktiven und passiven Perfekts*

Der Perfektstamm wie der Supinstamm (siehe 1.2.5), von dem sich das passive Perfektstammpartizip herleitet, haben in den einzelnen Konjugationsklassen unterschiedliche Formen entwickelt, sog. Stammformen, die der Wortkunde oder dem Lexikon zu entnehmen sind. Das passive Perfektstammpartizip (siehe 1.2.1) bildet zusammen mit esse (siehe 2.1.1) das passive Perfekt.

aktives Perfekt, Indikativ	passives Perfekt, Indikativ		
laudáv-i			sum
laudav-ísti	laudá-tus, -ta, -tum	{	es
laudáv-it			est
laudáv-imus			sumus
laudav-ístis	laudá-ti, -tae, -ta	{	estis
laudav-érunt			sunt

aktives Plusquamperfekt, Indikativ	passives Plusquamperfekt, Indikativ	
laudáv-eram		eram
laudáv-eras	laudá-tus, -ta, -tum	eras
laudáv-erat		erat
laudav-erámus		erámus
laudav-erátis	laudá-ti, -tae, -ta	erátis
laudáv-erant		erant
aktives Futur II (nur Indikativ)	passives Futur II (nur Indikativ)	
laudáv-ero		ero
laudáv-eris	laudá-tus, -ta, -tum	eris
laudáv-erit		erit
laudav-érimus		érimus
laudav-éritis	laudá-ti, -tae, -ta	éritis
laudáv-erint[1]		erunt
aktives Perfekt, Konjunktiv	passives Perfekt, Konjunktiv	
laudáv-erim		sim
laudáv-eris	laudá-tus, -ta, -tum	sis
laudáv-erit		sit
laudav-érimus		simus
laudav-éritis	laudá-ti, -tae, -ta	sitis
laudáv-erint[1]		sint
aktives Plusquamperfekt, Konjunktiv	passives Plusquamperfekt, Konjunktiv	
laudav-íssem		essem
laudav-ísses	laudá-tus, -ta, -tum	esses
laudav-ísset		esset
laudav-issémus		essémus
laudav-issétis	laudá-ti, -tae, -ta	essétis
laudav-íssent		essent

1 Kurzes *-i-* vor *-nt* ist hier im Rahmen des Paradigmas bewahrt, nicht zu *-u-* geworden. Damit ist zugleich der Indikativ des Perfekts mit dem Ausgang *-érunt* nicht allein durch dessen langes *e* unterschieden.

1.1.3 *Die finiten Formen des medialen Präsensstamms*

Neben Aktiv und Passiv kennt das Lateinische ein mittleres *genus verbi*, das Medium. Seine Formen stimmen mit denen des Passivs überein; dazu treten ein Präsens- und Futurstammpartizip, Supinum, Gerundium und Gerundivum. Die konventionelle Benennung ›Deponens‹ ist zu meiden, da nicht das Medium eine passive Bedeutung »ablegt«, sondern das ältere Genus ist, aus dem sich das Passiv erst erheblich später entwickelt hat.

Das Medium kann intransitive, reflexive und transitive Bedeutung haben (vgl. épulor *ich speise*; lavor *ich wasche mich (bade)*; hortor te *ich ermahne dich*).

Präsens, Indikativ				
hort-or (< hórta-or)	vére-or	párti-or	sequ-or	páti-or
hortá-ris	veré-ris	partí-ris	séqu-e-ris	páte-ris
hortá-tur	veré-tur	partí-tur	séqu-i-tur	páti-tur
hortá-mur	veré-mur	partí-mur	séqu-i-mur	páti-mur
hortá-mini	veré-mini	partí-mini	sequ-í-mini	patí-mini
hortá-ntur	veré-ntur	parti-úntur	sequ-ú-ntur	pati-úntur

Imperfekt, Indikativ				
hortá-ba-r	veré-ba-r	parti-éba-r	sequ-éba-r	pati-éba-r
horta-bá-ris	vere-bá-ris	parti-ebá-ris	sequ-ebá-ris	pati-ebá-ris
horta-bá-tur	vere-bá-tur	parti-ebá-tur	sequ-ebá-tur	pati-ebá-tur
horta-bá-mur	vere-bá-mur	parti-ebá-mur	sequ-ebá-mur	pati-ebá-mur
horta-bá-mini	vere-bá-mini	parti-ebá-mini	sequ-ebá-mini	pati-ebá-mini
horta-bá-ntur	vere-bá-ntur	parti-ebá-ntur	sequ-ebá-ntur	pati-ebá-ntur

Futur I (nur Indikativ)				
hortá-bo-r	veré-bo-r	párti-a-r	sequa-r	páti-a-r
hortá-be-ris	veré-be-ris	parti-é-ris	sequ-é-ris	pati-é-ris
hortá-bi-tur	veré-bi-tur	parti-é-tur	sequ-é-tur	pati-é-tur
hortá-bi-mur	veré-bi-mur	parti-é-mur	sequ-é-mur	pati-é-mur
horta-bí-mini	vere-bí-mini	parti-é-mini	sequ-é-mini	pati-é-mini
horta-bú-ntur	vere-bú-ntur	parti-é-ntur	sequ-é-ntur	pati-é-ntur

Präsens, Konjunktiv				
hort-e-r[1]	vére-a-r	párti-a-r	sequa-r	páti-a-r
hort-é-ris	vere-á-ris	parti-á-ris	sequ-á-ris	pati-á-ris
hort-é-tur	vere-á-tur	parti-á-tur	sequ-á-tur	pati-á-tur
hort-é-mur	vere-á-mur	parti-á-mur	sequ-á-mur	pati-á-mur
hort-é-mini	vere-á-mini	parti-á-mini	sequ-á-mini	pati-á-mini
hort-é-ntur	vere-á-ntur	parti-á-ntur	sequ-á-ntur	pati-á-ntur

1 Die medialen Konjunktive des Präsens der *a*-Konjugation sind aus hórta-e-r usw. entstanden.

Imperfekt, Konjunktiv				
hortá-re-r	veré-re-r	partí-re-r	séqu-e-re-r	páte-re-r
horta-ré-ris	vere-ré-ris	parti-ré-ris	sequ-e-ré-ris	pate-ré-ris
horta-ré-tur	vere-ré-tur	parti-ré-tur	sequ-e-ré-tur	pate-ré-tur
horta-ré-mur	vere-ré-mur	parti-ré-mur	sequ-e-ré-mur	pate-ré-mur
horta-ré-mini	vere-ré-mini	parti-ré-mini	sequ-e-ré-mini	pate-ré-mini
horta-ré-ntur	vere-ré-ntur	parti-ré-ntur	sequ-e-ré-ntur	pate-ré-ntur

Imperativ I				
hortá-re!	veré-re!	partí-re!	séqu-e-re!	páte-re!
hortá-mini!	veré-mini!	partí-mini!	sequ-í-mini!	patí-mini!

Imperativ II				
hortá-tor!	veré-tor!	partí-tor!	séqu-i-tor!	páti-tor!
hortá-tor!	veré-tor!	partí-tor!	séqu-i-tor!	páti-tor!
hortá-ntor!	veré-ntor!	parti-úntor!	sequ-ú-ntor!	pati-úntor!

Einzelne Formen des medialen Imperativs sind nicht belegt.

1.1.4 *Die finiten Formen des medialen Perfekts*

Der Supinstamm (siehe 1.2.5), von dem sich das mediale Perfektstammpartizip herleitet, hat in den einzelnen Konjugationsklassen unterschiedliche Formen entwickelt, die der Wortkunde oder dem Lexikon zu entnehmen sind. Das mediale Perfektstammpartizip (siehe 1.2.1) bildet zusammen mit esse (siehe 2.1.1) das mediale Perfekt.

Perfekt, Indikativ		Perfekt, Konjunktiv	
hortátus, -ta, -tum	sum es est	hortátus, -ta, -tum	sim sis sit
hortáti, -tae, -ta	sumus estis sunt	hortáti, -tae, -ta	simus sitis sint
Plusquamperfekt, Indikativ		**Plusquamperfekt, Konjunktiv**	
hortátus, -ta, -tum	eram eras erat	hortátus, -ta, -tum	essem esses esset
hortáti, -tae, -ta	erámus erátis erant	hortáti, -tae, -ta	essémus essétis essent

Futur II (nur Indikativ)	
hortátus, -ta, -tum	ero eris erit
hortáti, -tae, -ta	érimus éritis erunt

In einzelnen Fällen ist das Präsens eines Verbs aktivisch, sein Perfekt medial. So heißt es sóleo, aber sólitus sum, aúdeo, aber ausus sum, gaúdeo, aber gavísus sum, fido, aber fisus sum. Andererseits ist das Präsens revértor medial, sein Perfekt revérti aktivisch.

1.2 Die Nominalformen des Verbs

1.2.1 *Das aktive, passive und mediale Partizip*

Aktivum und Passivum:

	Aktiv	Passiv
Perfektstamm	(nicht vorhanden)	laudá-tus, -ta, -tum[1] delé-tus, -ta, -tum audí-tus, -ta, -tum ac-tus, -ta, -tum cap-tus, -ta, -tum
Präsensstamm	lauda-ns, laudá-nt-is[2] dele-ns, delé-nt-is aúdi-ens, audi-ént-is[3] ag-e-ns, ag-é-nt-is cápi-ens, capi-ént-is[3]	(nicht vorhanden)
Futurstamm	lauda-túrus, -a, -um[1] dele-túrus, -a, -um audi-túrus, -a, -um ac-túrus, -a, -um cap-túrus, -a, -um	(nicht vorhanden)

1 Zur Deklination dieser und der folgenden Formen siehe Teil 3, 1.2 Ende.
2 Zur Deklination dieser und der folgenden Formen siehe Teil 3, 1.3.2.
3 Das -*e*- in -ens, -ent-is ist aus der konsonantischen Konjugation eingedrungen: Vgl. ag-e-ns, ag-é-nt-is, das sein -*e*- seinerseits aus der *e*-Konjugation, wo es Stammauslaut (!) ist, zur Vermeidung einer Konsonantenhäufung entlehnt hat.

Medium:

Perfektstamm	hortá-tus, -ta, -tum[1] (»ermahnt habend«!)
Präsensstamm	horta-ns, hortá-nt-is[2]
Futurstamm	horta-túrus, -a, -um[1]

1 Zur Deklination siehe Teil 3, 1.2 Ende.
2 Zur Deklination siehe Teil 3, 1.3.2.

Entsprechend werden die medialen Partizipien der anderen Tempusstämme gebildet (soweit deren Formen vorkommen). Im Übrigen sei auf Wortkunde und Lexikon verwiesen.

1.2.2 *Der aktive, passive und mediale Infinitiv*

Aktivum und Passivum:

	Aktiv	Passiv
Perfekt	laudav-ísse	laudá-tum, -tam, -tum (esse)
	delev-ísse	delé-tum, -tam, -tum (esse)
	audiv-ísse	audí-tum, -tam, -tum (esse)
	eg-ísse	ac-tum, -tam, -tum (esse)
	cep-ísse	cap-tum, -tam, -tum (esse)
Präsens	laudá-re	laudá-ri
	delé-re	delé-ri
	audí-re	audí-ri
	ág-e-re	ag-i
	cápe-re	capi

Futur	lauda-túrum, -am, -um (esse)	laudá-tum iri[1]
	dele-túrum, -am, -um (esse)	delé-tum iri
	audi-túrum, -am, -um (esse)	audí-tum iri
	ac-túrum, -am, -um (esse)	ac-tum iri
	cap-túrum, -am, -um (esse)	cap-tum iri

1 Zur Entstehung dieser Infinitivformen siehe Teil 2, 6.4.1.

Medium:

Perfekt	hortá-tum, -tam, -tum (esse)
Präsens	horta-ri
Futur	horta-túrum, -am, -um (esse)

Entsprechend werden die medialen Infinitive der anderen Tempusstämme gebildet (soweit deren Formen vorkommen). Im Übrigen sei auf Wortkunde und Lexikon verwiesen.

1.2.3 *Das Gerundium*

Genitiv	laudá-nd-i, delé-nd-i, audi-énd-i[1], ag-é-nd-i, capi-énd-i[1]; hortá-nd-i usw.
Dativ	laudá-nd-o, delé-nd-o, audi-énd-o, ag-é-nd-o, capi-énd-o; hortá-nd-o usw.
Akkusativ	ad laudá-nd-um, delé-nd-um, audi-énd-um, ag-é-nd-um, capi-énd-um; ad hortá-nd-um usw.
Ablativ	laudá-nd-o, delé-nd-o, audi-énd-o, ag-é-nd-o, capi-énd-o; hortá-nd-o usw.

1 Das *-e-* in *-end-* ist aus der konsonantischen Konjugation eingedrungen: Vgl. nebenstehendes ag-é-nd-i, das sein *-e-* seinerseits aus der *e*-Konjugation, wo es Stammauslaut (!) ist, zur Vermeidung einer Konsonantenhäufung entlehnt hat. So auch in den übrigen Kasus und beim Gerundivum.

1.2.4 *Das Gerundivum*

```
laudá-nd-us, -a, -um,   delé-nd-us, -a, -um,   audi-énd-us, -a, -um,
ag-é-nd-us, -a, -um,    capi-énd-us, -a, -um;   hortá-nd-us, -a, -um[1] usw.
```

[1] Zur jeweiligen Deklination siehe Teil 3, 1.2 Ende.

1.2.5 *Die Supina*

Supinum I	Supinum II
laudá-tum	laudá-tu
delé-tum	delé-tu
audí-tum	audí-tu
ac-tum	ac-tu
cap-tum	cap-tu
hortá-tum usw.	hortá-tu usw.

Die Formen sind unveränderlich (siehe Teil 2, 6.4).

2   Die unregelmäßigen Verben

2.1   Die Konjugation von esse, prodésse und posse

2.1.1 *Die Konjugation von* esse = sein (*und dementsprechend den regelmäßig gebildeten Komposita von* esse)

Präsens, Indikativ	Präsens, Konjunktiv
su-m	si-m
es (< es-s)	si-s
es-t	si-t
su-mus	si-mus
es-tis	si-tis
su-nt	si-nt

Imperfekt, Indikativ	Imperfekt, Konjunktiv
er-a-m	es-se-m
er-a-s	es-se-s
er-a-t	es-se-t
er-á-mus	es-sé-mus
er-á-tis	es-sé-tis
er-a-nt	es-se-nt

Futur I (nur Indikativ)	
er-o	
er-i-s	
er-i-t	
ér-i-mus	
ér-i-tis	
er-u-nt	

Imperativ I	
es!	
es-te!	

Imperativ II	
es-to!	
es-to!	
es-tóte!	
su-nto!	

Infinitiv	
es-se	

Perfekt, Indikativ	Perfekt, Konjunktiv
fu-i	fú-erim
fu-ísti	fú-eris
fu-it	fú-erit
fú-imus	fu-érimus
fu-ístis	fu-éritis
fu-érunt	fú-erint

Plusquamperfekt, Indikativ	Plusquamperfekt, Konjunktiv
fú-eram	fu-íssem
fú-eras	fu-ísses
fú-erat	fu-ísset
fu-erámus	fu-issémus
fu-erátis	fu-issétis
fú-erant	fu-íssent

Futur II (nur Indikativ)	
fú-ero	
fú-eris	
fú-erit	
fu-érimus	
fu-éritis	
fú-erint	

Infinitiv	
fu-ísse	

2.1.2 *Die Konjugation von* prodésse = nützen

(Vor -*e*- stets prod-, sonst pro-)

Präsens	
Indikativ	prosum, prodes, prodest, prósumus, prodéstis, prosunt
Konjunktiv	prosim, prosis, prosit, prosímus, prosítis, prosint
Imperfekt	
Indikativ	próderam, próderas, próderat, proderámus, proderátis, próderant
Konjunktiv	prodéssem, prodésses, prodésset, prodessémus, prodessétis, prodéssent
Futur I (nur Indikativ)	
	pródero, próderis, próderit, prodérimus, prodéritis, próderunt

Imperativ	
	prodes!, prodéste!, prodésto!, prodestóte!, prosúnto!
Infinitiv	
	prodésse
Perfekt	
	pró-fui, pro-fuísti usw.

2.1.3 *Die Konjugation von* posse = können

(Vor -s- stets pos-, sonst pot-. Possem aus potéssem [unter dem Einfluss von possim]; darnach posse aus potésse)

Präsens	
Indikativ	possum, potes, potest, póssumus, potéstis, possunt
Konjunktiv	possim, possis, possit, possímus, possítis, possint
Imperfekt	
Indikativ	póteram, póteras, póterat, poterámus, poterátis, póterant
Konjunktiv	possem, posses, posset, possémus, possétis, possent
Futur I (nur Indikativ)	
	pótero, póteris, póterit, potérimus, potéritis, póterunt
Imperativ	
	(nicht vorhanden)
Infinitiv	
	posse
Perfekt	
	pótu-i, potu-ísti usw.

2.2 Die Konjugation von ferre = *tragen, bringen* (und dementsprechend den Komposita von ferre)

(Aktives Perfekt mit anderem Stamm regelmäßig tul-i, tul-ísti usw., Partizip des Perfekts mit abermals anderem Stamm latus, -ta, -tum)

Aktivum:

Präsens, Indikativ	Präsens, Konjunktiv
fer-o	fer-a-m
fer-**s**[1]	fer-a-s
fer-**t**[1]	fer-a-t
fér-i-mus	fer-á-mus
fer-**tis**[1]	fer-á-tis
fer-u-nt	fer-a-nt
Imperfekt, Indikativ	**Imperfekt, Konjunktiv**
fer-é-ba-m	fer-re-m
fer-é-ba-s	fer-re-s
fer-é-ba-t	fer-re-t
fer-e-bá-mus	fer-ré-mus
fer-e-bá-tis	fer-ré-tis
fer-é-ba-nt	fer-re-nt
Futur I (nur Indikativ)	
fer-a-m	
fer-e-s	
fer-e-t	
fer-é-mus	
fer-é-tis	
fer-e-nt	
Imperativ I	
fer!	
fer-**te**[1]!	
Imperativ II	
fer-**to**[1]!	
fer-**to**[1]!	
fer-tóte[1]!	
fer-ú-nto!	

Infinitiv
fer-re
Partizip
fer-e-ns, fer-é-nt-is usw.
Gerundium
fer-é-nd-i usw.

1 Formen ohne Hilfsvokal!

Passivum:

Präsens, Indikativ	Präsens, Konjunktiv
fer-or	fer-a-r
fer-**ris**[1]	fer-á-ris
fer-**tur**[1]	fer-á-tur
fér-i-mur	fer-á-mur
fer-í-mini	fer-á-mini
fer-ú-ntur	fer-á-ntur
Imperfekt, Indikativ	Imperfekt, Konjunktiv
fer-é-ba-r	fer-re-r
fer-e-bá-ris	fer-ré-ris
fer-e-bá-tur	fer-ré-tur
fer-e-bá-mur	fer-ré-mur
fer-e-bá-mini	fer-ré-mini
fer-e-bá-ntur	fer-ré-ntur
Futur I (nur Indikativ)	
fer-a-r	
fer-é-ris	
fer-é-tur	
fer-é-mur	
fer-é-mini	
fer-é-ntur	
Imperativ I	
fer-re!	
fer-í-mini!	

Imperativ II
fer-**tor**[1]!
fer-**tor**[1]!
(nicht vorhanden)
fer-ú-ntor!
Infinitiv
fer-ri
Partizip
(nicht vorhanden)
Gerundivum
fer-é-nd-us, -a, -um

1 Formen ohne Hilfsvokal!

2.3 Die Konjugation von velle = *wollen*, nolle = *nicht wollen*, malle = *lieber wollen*

(Perfekt regelmäßig vólu-i, volu-ísti usw., nólu-i, nolu-ísti usw., málu-i, malu-ísti usw.)

Präsens, Indikativ		
vol-o	nol-o	mal-o
vis	non **vis**	ma**vis**
vul-t[1]	non vul-t[1]	mavul-t[1]
vól-**u**-mus	nól-**u**-mus	mál-**u**-mus
vul-**tis**[1]	non vul-**tis**[1]	mavúl-**tis**[1]
vol-u-nt	nol-u-nt	mal-u-nt
Imperfekt, Indikativ		
vol-é-ba-m	nol-é-ba-m	mal-é-ba-m
vol-é-ba-s	nol-é-ba-s	mal-é-ba-s
vol-é-ba-t	nol-é-ba-t	mal-é-ba-t
vol-e-bá-mus	nol-e-bá-mus	mal-e-bá-mus
vol-e-bá-tis	nol-e-bá-tis	mal-e-bá-tis
vol-é-ba-nt	nol-é-ba-nt	mal-é-ba-nt

Futur I (nur Indikativ)		
vol-a-m	nol-a-m	mal-a-m
vol-e-s	nol-e-s	mal-e-s
vol-e-t	nol-e-t	mal-e-t
vol-é-mus	nol-é-mus	mal-é-mus
vol-é-tis	nol-é-tis	mal-é-tis
vol-e-nt	nol-e-nt	mal-e-nt
Präsens, Konjunktiv		
vel-i-m	nol-i-m	mal-i-m
vel-i-s	nol-i-s	mal-i-s
vel-i-t	nol-i-t	mal-i-t
vel-í-mus	nol-í-mus	mal-í-mus
vel-í-tis	nol-í-tis	mal-í-tis
vel-i-nt	nol-i-nt	mal-i-nt
Imperfekt, Konjunktiv		
vel-le-m	nol-le-m	mal-le-m
vel-le-s	nol-le-s	mal-le-s
vel-le-t	nol-le-t	mal-le-t
vel-lé-mus	nol-lé-mus	mal-lé-mus
vel-lé-tis	nol-lé-tis	mal-lé-tis
vel-le-nt	nol-le-nt	mal-le-nt
Imperativ I		
(nicht vorhanden)	nol-**i**! nol-**í**-te!	(nicht vorhanden)
Imperativ II		
(nicht vorhanden)	nol-**í**-to! nol-**í**-to! nol-**i**-tóte! nol-**ú**-nto!	(nicht vorhanden)
Infinitiv		
vel-le	nol-le	mal-le
Partizip		
vol-e-ns, vol-é-nt-is usw.	nol-e-ns, nol-é-nt-is usw.	(nicht vorhanden)

1 Formen ohne Hilfsvokal!

2.4   Die Konjugation von ire = *gehen* (und dementsprechend den Komposita von ire)

(Präsensstammformen vor Vokal mit Ausnahme von iens stets *e-*, sonst immer *i-*)

Präsens, Indikativ	Präsens, Konjunktiv	Perfekt, Indikativ	Perfekt, Konjunktiv
e-o	e-a-m	i-i	í-erim
i-s	e-a-s	**isti**	í-eris
i-t	e-a-t	i-it	í-erit
i-mus	e-á-mus	í-imus	í-erimus
i-tis	e-á-tis	**istis**	i-éritis
e-unt	e-a-nt	i-érunt	í-erint

Imperfekt, Indikativ	Imperfekt, Konjunktiv	Plusquamperfekt, Indikativ	Plusquamperfekt, Konjunktiv
i-ba-m	i-re-m	í-eram	**issem**
i-ba-s	i-re-s	í-eras	**isses**
i-ba-t	i-re-t	í-erat	**isset**
i-bá-mus	i-ré-mus	i-erámus	**issémus**
i-bá-tis	i-ré-tis	i-erátis	**issétis**
i-ba-nt	i-re-nt	í-erant	**issent**

Futur I (nur Indikativ)		Futur II (nur Indikativ)	
i-bo		í-ero	
i-bi-s		í-eris	
i-bi-t		í-erit	
í-bi-mus		i-érimus	
í-bi-tis		i-éritis	
i-bu-nt		í-erint	

Imperativ I			
i!			
i-te!			

Imperativ II			
i-to!			
i-to!			
i-tóte!			
e-únto!			

Infinitiv, Präsens		Infinitiv, Perfekt	
i-re		**isse**	
Partizip, Präsensstamm			
i-ens, **e**-únt-is usw.			
Gerundium			
e-únd-i usw.			

Vom unpersönlich gebrauchten Passiv gibt es lediglich itur, ibátur, eátur, irétur (*man geht* usw.), itum est (*man ging, ist gegangen*) und eúndum est (*man muss gehen* u. a. – siehe Teil 2, 1.1.2 Ende). Allein bestimmte transitive Komposita von ire bilden auch entsprechende persönliche Passiva, wie z. B. praetereúntur usw. – Zu iri siehe 1.2.2 und Teil 2, 6.4.1.

2.5 Die Konjugation von fíeri = *werden, geschehen; gemacht werden*

(U. a. Passiv zu fácere und dem entsprechend zumeist zu dessen Komposita mit zweisilbigem Präverb wie satis-fácere [satisfíeri]; klassisches interfícere sowie gemeinhin die Komposita mit einsilbigem Präverb bilden ein regelmäßiges Passiv – vgl. intérfici, ferner áffici zu affícere usw.)

Präsens, Indikativ	Präsens, Konjunktiv
fi-o	fi-a-m
fi-s	fi-a-s
fi-t	fi-a-t
fi-mus	fi-á-mus
fi-tis	fi-á-tis
fi-unt	fi-a-nt

Imperfekt, Indikativ	Imperfekt, Konjunktiv
fi-éba-m	fi-ere-m
fi-éba-s	fi-ere-s
fi-éba-t	fi-ere-t
fi-ebá-mus	fi-eré-mus
fi-ebá-tis	fi-eré-tis
fi-éba-nt	fi-ere-nt

Futur I (nur Indikativ)
fi-a-m
fi-e-s
fi-e-t
fi-é-mus
fi-é-tis
fi-e-nt

Infinitiv, Präsens
fí-eri

Das Perfekt zu fio ist regelmäßiges fac-tus, -ta, -tum sum.

2.6   Die Konjugation sog. defektiver Verba

Der Formenbestand der sog. defektiven Verba ist unvollständig. Zu ihnen gehören:

Aio (*ich sage, ich versichere*), welches – oft eingeschoben – auf aio, ais, ait, aiunt, aias, aiat, aiant, aiébam usw., ait (Perfekt) beschränkt ist.

Inquam (*sage ich*), von dem sich – stets in die direkte Rede eingeschoben – sonst nur noch inquit (Präsens und Perfekt) sowie die Präsentien inquis und ínquiunt und das Futur ínquies öfter finden.

Néqueo und queo (*ich kann nicht* und *ich kann*) konjugieren wie ire; néqueo ist durch Hypostasierung aus nequit (*es geht nicht*) entstanden, queo wiederum als nicht verneintes Verb aus né-queo gebildet. Beide Verben begegnen lediglich in wenigen Formen.

Coepi (*ich fing an, ich habe angefangen*) ist Perfekt zu incípio (*ich fange an*); entsprechend lautet das Perfektstammpartizip coep-tus, -ta, -tum.

Mémini (*ich erinnere mich, ich gedenke, ich denke an*) ist präsentisches Perfekt mit allen entsprechenden Formen und dem Imperativ meménto, mementóte.

Odi (*ich hasse*) ist gleichfalls präsentisches Perfekt mit Präsensbedeutung und bildet ebenso alle perfektischen Formen.

Teil 2: Die Syntax des Verbs

1 Der einfache Satz

Einfache Sätze bestehen regelmäßig aus Subjekt und Prädikat, eventuell Objekt/-en und/oder Adverbiale/Adverbialia (Umstandsangabe/-n). Sie lassen sich unterteilen in Behauptungssätze (1.1), Begehrssätze (1.2) und Fragesätze (1.3).

1.1 Behauptungssätze

Behauptungssätze werden stets durch *non* verneint. Nach den Modi Indikativ und Konjunktiv, welche ein Redender oder Schreibender gemäß dem jeweiligen Verhältnis zur Wirklichkeit wählt, gliedern sie sich folgendermaßen:

1.1.1 *Indefinite oder reale Behauptungssätze*

Die nicht weiter bestimmte, **indefinite oder reale Behauptung** steht gewöhnlich wie im Deutschen im **Indikativ**: Miles pugnat. *Der Soldat kämpft.* / Pater filiae librum dedit. *Der Vater gab seiner Tochter ein Buch.* / Puer propter timorem (Adverbiale!) tremet. *Der Junge wird vor Furcht zittern.*

1.1.2 *Irreale Behauptungssätze*

Die nichtwirkliche, **irreale Behauptung** hingegen wird durch den Konjunktiv und eine Tempusverschiebung markiert, und zwar wie im Deutschen für die **Zeitsphäre der Gegenwart** durch den **Konjunktiv des Imperfekts**, für die **Zeitsphäre der Vergangenheit** durch den **Konjunktiv des Plusquamperfekts**: Nunc libenter lavárer (medial!). *Jetzt badete ich gern. = Jetzt wür-*

de ich gern baden.[1] / Tum libenter lavatus essem. *Damals hätte ich gern gebadet.*

Die Grenze zwischen indefiniten oder realen Behauptungssätzen einerseits und irrealen Behauptungssätzen auf der anderen Seite, Satztypen, die es also im Lateinischen und Deutschen gibt, verläuft in beiden Sprachen unterschiedlich. In der Tat steht im Deutschen oft der Konjunktiv des Imperfekts (= irreale Behauptung der Gegenwart) statt eines lateinischen indikativischen Präsens, der Konjunktiv des Plusquamperfekts (= irreale Behauptung der Vergangenheit) anstelle eines lateinischen indikativischen Perfekts oder Imperfekts. So regelmäßig bei paene (prope): Paene (Prope) **cécidi**. *Beinahe wäre ich gefallen*; ferner bei festen negativen Ausdrücken wie numquam **putavi** *niemals hätte ich geglaubt*, quis **putavit** *wer hätte geglaubt* (= *niemand hätte geglaubt*) und schließlich bei Ausdrücken des Könnens, Sollens und Müssens (**Possum** multa narrare. *Ich kann viel erzählen.* = *Ich könnte viel erzählen.* / Ei eundum **erat**. *Er [Sie] musste gehen.* = *Er [Sie] hätte gehen müssen* u. a.) sowie einer Reihe unpersönlicher Ausdrücke (aequum **est** *es ist billig* = *es wäre billig* / melius **erat** *es war besser* = *es wäre besser gewesen* u. a.).

1.1.3   Potentiale Behauptungssätze

Neben diesen indefiniten und irrealen Behauptungssätzen gibt es im Lateinischen in der Nachfolge des Griechischen **potentiale Behauptungssätze**, in denen ein Sachverhalt als möglich behauptet wird. Sie stehen für die **Zeitsphäre der Gegenwart** im **Konjunktiv des Präsens oder** – unterschiedslos! – **des Perfekts** (ererbter Gebrauch des Perfekts; der lateinische Perfektstamm markiert wie der Aoriststamm im Griechischen u. a. eine einmalige abgeschlossene Handlung): Aliquis dicat/dixerit

---

1   Der Kondizional, den es im Lateinischen nicht gibt (!), ist hier im Deutschen zur Wahl gestellt.

jemand **kann/könnte/würde** *(!) sagen (behaupten/einwenden).*
Für die **Zeitsphäre der Vergangenheit** wird der **Konjunktiv des Imperfekts** gebraucht, klassisch und nachklassisch jedoch nur in der 2. Person meist des Singulars bestimmter Verben – vgl. créderes, putáres *du hättest glauben können* u. a. (im Unterschied zum Irrealis der Gegenwart gehört der einschlägige Kontext hier der Vergangenheit an!).

1.2 Begehrssätze

Sie werden stets durch ne verneint und mit dem **Konjunktiv** konstruiert. Nach einem aus dem Griechischen übernommenen Schema zerfallen sie in **Aufforderungssätze** und **Wunschsätze**.

1.2.1 *Aufforderungssätze*

Bei den Aufforderungssätzen unterscheidet man nach der Person

a) den **(Ad-)Hortativ** (an die 1. Person, sinngemäß im Plural), z. B. Eámus! *Lasst uns gehen!* / Edámus! *Lasst uns essen!* usw.,

b) den **Prohibitiv** (verneint an die 2. Person – positiv steht als besonderer Modus der Imperativ!), und zwar für gewöhnlich im Konjunktiv des Perfekts (ererbter Gebrauch des Perfekts! Vgl. den Potentialis der Gegenwart 1.1.3), z. B. Ne lacrimáveris! *Weine nicht!* / Ne dixéritis! *Sagt nicht!* (stilistische Varianten Noli lacrimare! und Nolíte dicere!),

c) den **Iussiv** (an die 3. Person), z. B. dicat! *er (sie) soll sagen!* / videant! *sie sollen (zu)sehen!*

1.2.2 *Wunschsätze*

Als Wunschsätze begegnen

a) **erfüllbar gedachte Wunschsätze** (im **Konjunktiv des Präsens** für die Zeitsphäre der Gegenwart, selten im **Konjunktiv des Perfekts** für die Zeitsphäre der Vergangenheit),

b) **unerfüllbar gedachte Wunschsätze** (im **Konjunktiv des Imperfekts** für die Zeitsphäre der Gegenwart, im **Konjunktiv des Plusquamperfekts** für die Zeitsphäre der Vergangenheit, also jeweils wie bei den irrealen Behauptungssätzen mit Tempusverschiebung als weiterem Merkmal).

Unerfüllbar gedachte Wunschsätze werden **in aller Regel** durch útinam (oder vellem) eingeleitet; bei den erfüllbar gedachten hingegen ist – im Deutschen außer Acht bleibendes! – útinam (oder velim) **fakultativ**. Übersetze die unerfüllbar gedachten Wunschsätze stets mit einem deutschen »wenn doch« (»ich wollte«) + Konjunktiv des Imperfekts bzw. des Plusquamperfekts: Útinam (Vellem) veniret! / Útinam (Vellem) venisset! *Wenn er (sie) doch käme! (Ich wollte, er [sie] käme.)* / *Wenn er (sie) doch gekommen wäre! (Ich wollte, er [sie] wäre gekommen.).* Für die erfüllbar gedachten Wünsche – in der 3. Person mit dem Iussiv identisch![2] – mag oft eine Konstruktion mit »mögen« angehen ([Útinam] Veniat! *Er [Sie] möge kommen!* / [Velim] Bene fécerim! *Ich möge Gutes getan haben!*); häufig entsprechen sie jedoch deutschem »hoffentlich«, »ich hoffe« ([Útinam] Véniat! *Hoffentlich kommt er [sie]. = Ich hoffe, er [sie] kommt.* / [Velim] Bene fécerim! *Hoffentlich habe ich Gutes getan. = Ich hoffe, ich habe Gutes getan.).*

---

2 Die nicht immer einleuchtende Unterscheidung zwischen Aufforderungs- und Wunschsätzen erklärt sich aus ihrem griechischen Vorbild. Dort sind beide Satztypen durch verschiedene Modi gekennzeichnet, der Aufforderungssatz durch den Konjunktiv, der Wunschsatz durch den Optativ oder ein indikativisches Vergangenheitstempus (Tempusverschiebung); es liegt somit eine entsprechende Differenzierung nahe.

1.3 Fragesätze

Bei **Fragesätzen** unterscheidet man zunächst **Satzfragen** von **Wortfragen** – letztere werden durch ein Fragewort wie quis *wer*, ubi *wo*, ut *wie* u. a. eingeleitet.

1.3.1 *Satzfragen*

Satzfragen sind im Unterschied zum Deutschen regelmäßig durch eine Fragepartikel gekennzeichnet, durch ein angehängtes tonloses (= enklitisches) -ne (Frage ohne besondere Erwartungshaltung; Antwort »ja« oder »nein«), durch nonne (erwartete Antwort »ja«: Nonne Iulia adest? *Ist Julia nicht da? = Julia ist doch wohl anwesend?*) oder durch num (erwartete Antwort »nein«: Num Iulia adest? *Ist Julia etwa da? = Julia ist doch wohl nicht anwesend?*).

1.3.2 *Doppelfragen*

In Doppelfragen steht für deutsches »oder« lateinisch an; dem ersten Glied vorangestellt wird meist ein im Deutschen unübersetzbares utrum oder -ne: Utrum manémus (manemúsne) an abímus? *Bleiben wir oder gehen wir weg?*

1.3.3 *Der Modusgebrauch im Fragesatz*

Alle Modi, die für den Behauptungssatz unter 1.1 aufgeführt worden sind, können auch im Fragesatz begegnen, da man jeden Behauptungssatz fragend formulieren kann. Also kann ein Fragesatz einen irrealen oder potentialen Konjunktiv enthalten (siehe unter 1.1.2 und 1.1.3).

Darüber hinaus begegnet im Fragesatz der ***coniunctivus deliberativus*** oder ***dubitativus*** (deutsch durch »sollen« gekennzeichnet; als Antwort ist ein Begehrssatz gefordert): Quid faciámus? *Was sollen wir tun?* (Dieser selbe Satz könnte nach allem auch ein Potentialis in der Frage sein, wäre dann zu übersetzen mit *Was könn(t)en wir tun?* Der Kontext ist für die Übersetzung entscheidend!) Für die **Zeitsphäre der Vergangenheit** wird der **Deliberativ** oder **Dubitativ** durch den **Konjunktiv des Imperfekts** ausgedrückt: Quid facerémus? *Was hätten wir tun sollen?* (Die Verwechselung mit dem Potentialis der Vergangenheit ist hier kaum gegeben, da dieser klassisch und nachklassisch auf wenige Verben in der 2. Person meist des Singulars beschränkt ist – siehe 1.1.3; der Irrealis im Konjunktiv des Imperfekts aber gehört der Zeitsphäre der Gegenwart an.)

2   Der Gebrauch der Tempora

Vorab zu unterscheiden sind **Haupttempora** (= Nichtvergangenheitstempora) und **Nebentempora** (= Vergangenheitstempora). Zu den Haupttempora gehört in der Regel

2.1   Das Präsens

Es bezeichnet wie im Deutschen Ereignisse der Gegenwart, einmalige und wiederholte (aktuelles Präsens), sowie allgemein Gültiges (generelles Präsens). Viel weiter verbreitet aber ist in der Literatur sein Gebrauch als Erzähltempus, als **historisches Präsens** mit oftmals abweichender Zuordnung – siehe dazu 3.2.2.

Haupttempora sind ferner

2.2   Die Futura I und II

Das **Futur I** wird im Unterschied zur deutschen Alltagssprache, die sich gewöhnlich mit dem *praesens pro futuro* begnügt, regelmäßig zur Bezeichnung künftiger Handlungen verwendet; das **Futur II** hingegen ist vor allem ein sog. **relatives Tempus**, das sich auf eine andere Handlung im Futur I zum Ausdruck der Vorzeitigkeit bezieht: Caesar Brundisium proficiscétur. Eo ante exercitum míserit.[3] *Cäsar wird nach Brundisium aufbrechen. Dorthin wird er zuvor sein Heer geschickt haben.* In einfachen Sätzen wird es im Übrigen prospektiv gebraucht: Iam vénerint. *Sie werden schon gekommen sein.*

Eine unmittelbare Zukunft wird mit Hilfe der *coniugatio periphrastica* bezeichnet: Scripturus (-a) sum. *Ich bin im Begriff zu schreiben.*

Zu den Haupttempora zählt schließlich zumeist

2.3 Das präsentische Perfekt

Es markiert einen **fortdauernden Zustand in der Gegenwart**, der sich aus einer vergangenen Handlung ergibt: novi *ich habe kennengelernt* und *weiß* daher, cécidi *ich bin gefallen* und *liege* daher *da*. Auch hier gibt es zur Betonung der besonderen Funktion des Perfekts die Möglichkeit zu umschreiben: Te benefício obstrictum (-tam) hábeo[4]. *Ich habe dich durch eine Gefälligkeit verpflichtet* (= »du hast mir [jetzt] ergeben zu sein«).

Das Perfekt ist aber nicht nur Haupttempus.

2.4 Das historische oder erzählende Perfekt

Als historisches oder erzählendes Perfekt ist es Nebentempus und bezeichnet eine **einmalige abgeschlossene Handlung in der Vergangenheit (!)**; vgl. den Indikativ des griechischen Aorists, das französische *passé simple* u. a.: cécidi *ich fiel* (damals).

---

3 Viel häufiger finden sich relative Tempora in Nebensätzen, jeweils bezogen auf das Tempus des Hauptsatzes.
4 Hieraus hat sich das moderne analytische, d. h. aus mehreren Wörtern, »freien Morphemen«, gebildete Perfekt der romanischen Sprachen entwickelt.

Das alles bedeutet: Das lateinische Perfekt ist ein **Mischtempus**, entstanden aus der Verschmelzung von echtem Perfekt, das wie im Griechischen den fortdauernden Zustand in der Gegenwart (!) markiert, also dem vorgenannten präsentischen Perfekt, und auf der anderen Seite dem historischen Perfekt, dem Aorist, dem Erzähltempus schlechthin, das eine einmalige abgeschlossene Handlung in der Vergangenheit (!) bezeichnet.[5]

Es versteht sich, dass das historische Perfekt als erzählendes Tempus in der Literatur häufiger ist als das präsentische Perfekt; daher übersetze man das lateinische Perfekt eines Hauptsatzes regelmäßig durch das deutsche Erzähltempus, das **Präteritum** (cécini *ich sang* / laudatus [-a] sum *ich wurde gelobt*), erst in zweiter Linie durch das deutsche Perfekt (präsentisches Perfekt, modernes Perfekt des Bezugs zur Gegenwart: cécini *ich habe gesungen* / laudatus [-a] sum *ich bin gelobt* [präsentisches Perfekt] oder *ich bin gelobt worden* [modernes Perfekt des Bezugs zur Gegenwart]).

2.5   Das Plusquamperfekt

Das Plusquamperfekt ist zuweilen Vergangenheitstempus zum präsentischen Perfekt (nóveram *ich hatte kennengelernt* = *ich wusste* / cecíderam *ich war gefallen* = *ich lag da*), meist aber wie das Futur II relatives Tempus, d. h. ein Tempus, das sich auf ein anderes Erzähltempus zum Ausdruck der Vorzeitigkeit bezieht: Caesar Brundisium profectus est. Eo ante exercitum míserat. *Cäsar brach nach Brundisium auf. Dorthin hatte er zuvor sein Heer geschickt* (passivisch: Eo ante exercitus missus erat. *Dorthin war zuvor sein Heer geschickt* **worden**.).

---

5 Dem entsprechen auch auf morphologischer Seite in unterschiedsloser Verwendung echte Perfektstämme wie cecid- und Aoriststämme wie dix- (= dics-). Es ist allerdings bezeichnend, dass die lateinischen Tochtersprachen diesen prekären Zustand in der Regel wieder beseitigt haben und zwischen analytischem Perfekt – siehe Anm. 4 – und Aorist (*passé simple* usw.) unterscheiden.

2.6 Das Imperfekt

Es bezeichnet als zweites Erzähltempus wie im Griechischen und im Französischen eine **nicht abgeschlossene Handlung in der Vergangenheit** und findet sich oft zur Beschreibung eines Hintergrundes, einer Szene, in der lebhaften Vergegenwärtigung. Im Einzelnen unterscheidet man ein lineares (*faciébat er [sie] war dabei zu tun*), ein iteratives (*faciébat er [sie] tat immer wieder*) und ein konatives Imperfekt (*faciébat er [sie] versuchte zu tun*) – diese besonderen Verwendungsweisen stets im Auge zu haben hilft beim Übersetzen, Missverständnisse zu vermeiden, da das deutsche Tempussystem nur *ein* Erzähltempus kennt.

Beachte: Nicht eben selten nimmt die Stelle des Imperfekts ein Infinitiv des Präsens ein, der sog. **historische Infinitiv** (**Infinitivus historicus**).

3 Die *consecutio temporum* (c. t.)

Mit der Entwicklung des Satzgefüges, der **Hypotaxe** – siehe 4.1 –, kann eine Sprache die Tempora der sprachgeschichtlich vorausgehenden Satzreihe, der **Parataxe**, beibehalten, wie es das Griechische getan hat, oder aber das Tempus des Nebensatzes in Bezug setzen zum Tempus des Hauptsatzes, also relative Tempora ausbilden, wie es das Lateinische mit der *consecutio temporum* (c. t.) vorführt. Dabei ist allerdings zu unterscheiden zwischen der eigentlichen c. t. und einer c. t. im weiteren Sinne.

3.1 Die c. t. im weiteren Sinne

Eine c. t. im weiteren Sinne wird – wie im Deutschen! – in **indikativischen Nebensätzen** beachtet – vgl. deutsch »Nachdem ich dort angekommen war (Vorzeitigkeit im Verhältnis zur

Handlung des Hauptsatzes!), stellte ich mein Auto ab«; entsprechend im Lateinischen z. B.: Cum in villam advénero (Vorzeitigkeit!), áviam visam. *Wenn ich auf dem Landgut **ankomme**,*[6] *werde ich die Großmutter besuchen.*

3.2   Die c. t. im engeren Sinne

Die eigentliche c. t., die c. t. im engeren Sinne, gilt dagegen in **konjunktivischen innerlich abhängigen Nebensätzen**, d. h. in Sätzen, welche der Redende oder Schreibende nicht als eigene Feststellung, sondern als Äußerung, Meinung des übergeordneten Subjekts hinstellt.

3.2.1   *Die Zeitverhältnisse der c. t. im engeren Sinne*

Die c. t. im engeren Sinne kennt nur **Gleichzeitigkeit** und **Vorzeitigkeit**, den *Konjunktiv des Präsens oder des Imperfekts für eine gleichzeitige oder (unmittelbar) zukünftige Handlung* im Verhältnis zur Handlung des Hauptsatzes, den *Konjunktiv des Perfekts oder des Plusquamperfekts für eine vorzeitige Handlung* im Verhältnis zur Handlung des Hauptsatzes. Ausnahmen sind namentlich abhängige Fragesätze, in denen **Nachzeitigkeit** ausgedrückt wird, und zwar durch den Konjunktiv der *coniugatio periphrastica* auf sim oder essem[7]. Für die Wahl zwischen den Tempora Präsens/Imperfekt, Perfekt/Plusquamperfekt, *coniugatio periphrastica* auf sim / auf essem ist das **übergeordnete Tempus im Hauptsatz** entscheidend:

---

6 Vorzeitigkeit im Deutschen hier unberücksichtigt – das relative Futur II in Nebensätzen wird schon seiner Umständlichkeit wegen durch das Präsens oder Perfekt ersetzt. Ähnlich ist ein lateinisches relatives Futur I eines Nebensatzes im Deutschen regelmäßig durch ein Präsens wiederzugeben: Cum ávia in villa **erit** (Gleichzeitigkeit!), eam visam. *Wenn die Großmutter auf dem Landgut **ist**, werde ich sie besuchen.*

7 Siehe 2.2 Ende.

Nach einem Nichtvergangenheitstempus = **Haupttempus** stehen Konjunktive des Präsens, Perfekts, eventuell der *coniugatio periphrastica* auf sim, nach einem Vergangenheitstempus = **Nebentempus** solche des Imperfekts, des Plusquamperfekts, eventuell der *coniugatio periphrastica* auf essem. Also nach einem Haupttempus bei abhängigem Fragesatz:

	quid égerit.	*Er (Sie) fragt, was er (sie) getrieben habe.*
Intérrogat,	quid agat.	*Er (Sie) fragt, was er (sie) treibe.*
	quid acturus (-a) sit.	*Er (Sie) fragt, was er (sie) treiben werde.*[8]

Nach einem Nebentempus:

	quid egisset.	*Er (Sie) fragte, was er (sie) getrieben habe.*
Interrogavit,	quid ágeret.	*Er (Sie) fragte, was er (sie) treibe.*
	quid acturus (-a) esset.	*Er (Sie) fragte, was er (sie) treiben werde.*[8]

3.2.2 *Die genauere Zuordnung einzelner Tempora sowie des historischen Infinitivs im übergeordneten Satz*

Zu den Haupttempora zählen (neben dem aktuellen und dem generellen Präsens und den beiden Futura) **die potentialen und prohibitiven Konjunktive des Perfekts**[9] sowie meist das **präsentische Perfekt**, jedenfalls die sog. Präteritopräsentien wie novi, mémini u. a. Mal als Haupttempus, mal als Nebentempus wird das im Lateinischen viel weiter als im Deutschen verbreitete **historische Präsens** angesehen, welches ein Er-

---

8 Zum deutschen Modusgebrauch siehe 4.1.1.1. Das Tempus des übergeordneten Satzes ist für die Wahl der Konjunktivformen im Deutschen irrelevant.
9 Siehe 1.1.3 bzw. 1.2.1 (b).

zählperfekt (= Aorist) vertritt; dagegen gilt der **historische Infinitiv**, der einem Imperfekt entspricht – siehe 2.6 –, immer
als Nebentempus.

Im Übrigen ist in Nebensätzen, die ihrerseits von einem
konjunktivischen Nebensatz abhängen, also innerlich abhängige konjunktivische Nebensätze zweiten Grades sind, entscheidend die nächstübergeordnete finite Verbform – allein
der **Infinitiv des Perfekts** im nächstübergeordneten Satz be-
wirkt einen Tempusgebrauch wie nach einem Nebentempus,
also den Konjunktiv des Imperfekts oder des Plusquamperfekts: Satis multa verba videor **fecisse**, quare **esset** hoc bellum ne-
cessarium. *Genügend Worte glaube ich vorgebracht zu haben,
weswegen dieser Krieg notwendig ist.*

3.2.3 Die Futura I und II in der c. t. im engeren Sinne

Für relative indikativische Futura I und II in Nebensätzen[10]
treten für den Fall, dass solche Konstruktionen von einem weiteren Satz abhängig gemacht werden und der innerlich abhängige Konjunktiv erforderlich ist, in Ermangelung von Futur-
konjunktiven Konjunktive des Präsens bzw. Perfekts (nach
einem Haupttempus), des Imperfekts bzw. Plusquamperfekts
(nach einem Nebentempus) in den Nebensätzen ein. Macht
man also z. B. das Satzgefüge Quo ibis, cum amicum convéneris
(Futur II)? *Wohin wirst du gehen, wenn du deinen Freund getroffen hast?* (im Deutschen Perfekt für lateinisches Futur II –
siehe Anm. 6) derart abhängig, dass sein Hauptsatz ein abhängiger Fragesatz wird, so muss für das Futur II des Nebensatzes
konjunktivischer Ersatz geschaffen werden – wegen der Vorzeitigkeit des Futurs II je nach übergeordnetem Tempus durch
den Konjunktiv des Perfekts oder des Plusquamperfekts: Intér-
rog**o** eum, quo iturus sit,[11] cum amicum convén**erit** (hier Perfekt-

---

10 Siehe Anm. 6.
11 Abhängiger Fragesatz; daher Nachzeitigkeit ausgedrückt!

Konjunktiv!). *Ich frage ihn, wohin er gehen werde (gehe), wenn er seinen Freund getroffen habe.* / Interrogavi eum, quo iturus esset, cum amicum conven**isset** (hier Plusquamperfekt-Konjunktiv!). *Ich fragte ihn, wohin er gehen werde (gehe), wenn er seinen Freund getroffen habe.* Entsprechend nach Ausdrücken, die einen A.c.I. (*accusativus cum infinitivo*)[12] erfordern: Puto eum, cum amicum convén**erit**, eo iturum esse. *Ich glaube, dass er dorthin gehen wird (geht), wenn er seinen Freund getroffen hat.* / Puta**bam** eum, cum amicum conven**isset**, eo iturum esse. *Ich glaubte, dass er dorthin gehen werde (gehe), wenn er seinen Freund getroffen habe.*[13]

3.2.4 Die Personal- und Possessivpronomina in der c.t. im engeren Sinne

In allen innerlich abhängigen Sätzen, die der c.t. im engeren Sinne unterliegen, werden, bezogen auf das übergeordnete Subjekt, im Gegensatz zum Deutschen **reflexive Personal-** und **Possessivpronomina** gebraucht: Ariovistus ex legatis quaesívit, quid **sibi** esset cum iis. *Ariovist fragte die Gesandten, was* **er** *mit ihnen zu tun habe.* / Athenienses Socratem capitis damnavérunt, quod filios **suos** corrúmperet. *Die* **Athener** *verurteilten Sokrates zum Tode, weil er* **ihre** *(!) Söhne verderbe.*

4 Das Satzgefüge (Hypotaxe)

Zu Beginn eine Anmerkung, die sich eher von selbst versteht: Natürlich lassen sich einfache Sätze mit Hilfe geeigneter (hauptsatzverbindender) Konjunktionen wie »und«, »oder«, »aber« u.a. zu einer Satzreihe (**Parataxe**) verbinden. Im Unter-

---

12 Siehe 6.2.2.
13 Konjunktive im Deutschen wie nach »ich fragte ihn« wegen innerlicher Abhängigkeit! Vgl. Anm. 16.

schied zum Satzgefüge, der **Hypotaxe**, kann aber in der Satzreihe jeder Satz uneingeschränkt für sich bestehen.

4.1   Klassifizierung des Satzgefüges

Das Satzgefüge besteht hingegen aus einem **Hauptsatz** und einem weiteren Satzglied, dem **Nebensatz**, der regelmäßig unselbständig und dem Hauptsatz untergeordnet ist. Solche Satzgefüge lassen sich unterschiedlich klassifizieren. Hier soll bei der Gliederung die Funktion entscheiden, die der Nebensatz in der Syntax des gesamten Gefüges hat; entsprechend wird unterteilt in **Subjekt-**, **Objektsätze** (= Nebensätze, die ein Subjekt oder Objekt vertreten), **Adverbialsätze** (= Nebensätze, die ein Adverbiale, also eine Umstandsangabe vertreten) und Attributsätze (= Nebensätze, die ein Attribut vertreten).

4.1.1   *Subjekt-, Objektsätze*[14]

4.1.1.1   *Abhängige Fragesätze*

Zu den Subjekt-, Objektsätzen gehören die **abhängigen Fragesätze**, wie ein beliebiges Beispiel deutlich macht: »Er fragte, wer komme« = »Er erfragte ›die Personen, die kämen‹« (Objekt). Sie werden eingeleitet durch ein Fragewort (*quis wer*, *ubi wo*, *ut wie* u. a.) oder, soweit es Satzfragen sind, durch *-ne*, *num ob*.[15] Im Unterschied zum Deutschen, das den Modusgebrauch viel subtiler handhabt,[16] steht in lateinischen abhängigen Fragesätzen in klassischer Sprache **stets der Konjunktiv der**

---

14 Hierher gehört auch ein Teil der Relativsätze. Siehe dazu jedoch 4.1.3.

15 Allein nach den Ausdrücken des Wartens und des Versuchens steht si *ob*.

16 Den deutschen Modusgebrauch bestimmt vor allem, welche grammatische Person Subjekt des übergeordneten Satzes ist und welches Tempus dort verwendet wird: Die 3. Person eines Tempus der Vergangenheit erfordert regelmäßig den deutschen Konjunktiv der innerlichen Abhängigkeit. Vgl.: »Er fragte, wer da sei.«

innerlichen Abhängigkeit nach den Regeln der c.t. mit der Besonderheit, dass auch die Nachzeitigkeit ausgedrückt wird (siehe 3.2.1). Dieser Konjunktiv der innerlichen Abhängigkeit aber verdeckt eventuell den Konjunktiv des Deliberativs (Dubitativs) der Gegenwart oder des Potentialis der Gegenwart (siehe 1.3.3). Das bedeutet, dass für den Satz Interrogavi, quid fáceret nicht nur die Übersetzung *Ich fragte, was er (sie) tue* möglich ist, sondern auch *Ich fragte, was er (sie) tun solle* (verdeckter Deliberativ) und *Ich fragte, was er (sie) tun könn(t)e* (verdeckter Potentialis), also immer ein »sollen« oder »können« hinzugefügt werden darf. Da überdies der Deliberativ der Vergangenheit im abhängigen Fragesatz von der c.t. unberührt bleibt,[17] ist – selten – auch die Übersetzung *Ich fragte, was er (sie) hätte tun sollen* möglich – entscheidend ist immer der Zusammenhang.

Schließlich: Die **abhängige Doppelfrage** sieht genauso aus wie die unabhängige (utrum oder -ne ... an); nur wird utrum oder -ne hier durch »ob« übersetzt: Nos interrogavit, utrum manerémus an abirémus. *Er (sie) fragte uns, ob wir blieben oder weggingen / ... bleiben oder weggehen sollten* bzw. *könnten.*

Und noch ein Letztes zu den Fragesätzen: Nach *negativen Ausdrücken des Zweifelns* stehen durch **quin** *dass* eingeleitete konjunktivische Nebensätze, die Fragesätze sind (quin: eigentlich *warum nicht*) und in diesem Falle[18] der Regel unterliegen, dass Nachzeitigkeit eventuell auszudrücken ist: Quis dúbitat, quin scripturus (-a) sis? *Wer zweifelt* (nämlich niemand), *dass du schreiben wirst?*

---

17 Zum Deliberativ (Dubitativ) der Vergangenheit, ausgedrückt durch den Konjunktiv des Imperfekts, siehe 1.3.3. – In gleicher Weise bleibt der Irrealis der Gegenwart – siehe 1.1.2 und 1.3.3 – im abhängigen Fragesatz von der c.t. unbeeinflusst. Zum Irrealis der Vergangenheit im abhängigen Fragesatz siehe 4.1.2.6 (e) – Umschreibung auf -(t)urus fúerim, wenn formal möglich!

18 Die übrigen durch quin eingeleiteten Nebensätze haben wahrscheinlich denselben Ursprung, beachten aber eventuelle Nachzeitigkeit nicht; siehe dazu 4.1.1.2 (d), 4.1.2.2 (a), 4.1.2.8 (cc) (4.1.3.1 [b]).

4.1.1.2 *Abhängige Begehrssätze*

Neben den Fragesätzen sind **abhängige Begehrssätze** regelmäßig Objektsätze. Ihr Modus ist der **innerlich abhängige Konjunktiv des Präsens bzw. des Imperfekts**; sie werden durch ut eingeleitet (negiert zumeist nur durch ne, also konjunktionslos; auch in positiven Begehrssätzen kann ut fehlen, allein der Modus den Satz als Begehrssatz markieren).

a) Abhängige Begehrssätze stehen nach den eigentlichen **Verben des Begehrens** wie optare, pétere, orare, postulare, flagitare, ferner nach den **Verben des Ermahnens** (hortari, monére[19]) usw. – es ist unumgänglich, sich im Rahmen der Wortschatzübungen die Begehrssatzkonstruktionen im Einzelnen einzuprägen. Hier seien immerhin als weitere solche Verben genannt: Incitare, addúcere, suadére, persuadére (*überreden*[20]), imperare, concédere (*erlauben*[21]), conténdere (*sich anstrengen*[22]), providére und vidére (im Sinne von »zusehen«, »Sorge tragen«[23]), fácere und efficere (*bewirken*), impetrare, ássequi, censére (im Sinne von »dafür stimmen«[24]).

b) Ferner kann ein Begehrssatz auch nach den *verba dicendi* stehen: Dixi fratri, ut librum tibi remítteret. *Ich sagte meinem Bruder, dass er dir das Buch zurückschicken solle.* Allein die abhängige Behauptung steht im A. c. I.[25]

c) Schließlich verselbständigt sich der abhängige Begehrssatz

---

19 Bei monére *in Erinnerung rufen* steht zum Ausdruck einer abhängigen Behauptung der A. c. I. Siehe 6.2.2 (b).

20 Bei persuadére *(sich) überzeugen* steht zum Ausdruck einer abhängigen Behauptung der A. c. I. Siehe 6.2.2 (b).

21 Bei concédere *einräumen* steht zum Ausdruck einer abhängigen Behauptung der A. c. I. Siehe 6.2.2 (b).

22 Bei conténdere *behaupten* steht zum Ausdruck einer abhängigen Behauptung der A. c. I. Siehe 6.2.2 (b).

23 Bei vidére *sehen, einsehen* steht nach vidére *sehen* der A. c. P. oder der A. c. I., nach vidére *einsehen* der A. c. I. Siehe 6.1.3.1 und 6.2.2 (a) bzw. 6.2.2 (b).

24 Bei censére *der Ansicht sein* steht zum Ausdruck einer abhängigen Behauptung der A. c. I. Siehe 6.2.2 (b).

25 Siehe 6.2.2 (b).

nicht selten zur **Erklärung eines vorausgehenden Nomens oder Pronomens**.[26] Das einleitende ut, das sog. *ut explicativum*, entspricht deutschem »dass« und ist am besten mit »nämlich dass« oder »nämlich« + Infinitiv wiederzugeben – vgl.: Helvetii id, quod constitúerant, facere conantur, **ut** e finibus suis éxeant. *Die Helvetier versuch(t)en das, was sie beschlossen hatten, auszuführen, **nämlich** aus ihrem Gebiet fortzuziehen.*

d) Eine Sonderform der abhängigen Begehrssätze sind nach den **Ausdrücken des Fürchtens und der Gefahr** die durch ne (*dass*), ne non oder ut (*dass nicht*) eingeleiteten Nebensätze, denen im Deutschen einfache positive oder negative Objektsätze im Indikativ entsprechen – vgl.: Tímeo, **ne** véniant. *Ich fürchte, **dass** sie kommen.* Das Gleiche gilt für durch ne eingeleitete Nebensätze nach den **Verben der Ablehnung und des Hinderns,** wie impedire, deterére, interdícere, cavére (*sich hüten*), recusare u. a.: Impédio **ne**[27] ipse (-a) tibi nóceas. *Ich verhindere, **dass** du dir selbst schadest.* Sind die Verben der Ablehnung und des Hinderns verneint, folgt meist quin, gelegentlich auch quóminus (*dass*). In allen diesen Fällen wird besonders deutlich, dass sämtliche Begehrssätze aus der Parataxe hervorgegangen, von daher zu verstehen sind (»Ich verhindere – du mögest dir nicht selbst schaden«!).

4.1.1.3 *Abhängige Behauptungssätze mit konstativem* quod

Wie eben angemerkt, stehen **abhängige Behauptungssätze** im A. c. I., sind also dort – siehe 6.2.2 (b) – zu behandeln. Soll jedoch die Behauptung zugleich als eine Tatsache hingestellt werden, zu der im übergeordneten Satz ausdrücklich Stellung genommen wird, so steht statt des A. c. I. ein indikativischer

26 In gleicher Funktion ist auch ein A. c. I. möglich.
27 Statt ne kann auch quóminus stehen.

quod-Satz (**konstatives** oder **faktisches quod**). Dieses quod lässt sich außer mit »dass« oft mit »was die Tatsache / den Umstand anbetrifft, dass« wiedergeben, in jedem Falle, wenn der quod-Satz vorangeht. Beispiel: Quod míseros adiuvisti laudo. *Was die Tatsache anbetrifft, dass du den Armen geholfen hast, so halte ich das für gut.* Ein vergleichbarer quod-Satz steht nach den Ausdrücken der Gemütsbewegung (*verba affectus*): Aegre ferébant quod[28] pax repudiabatur. Sie *waren ungehalten, dass der Friede zurückgewiesen wurde.*

4.1.2 *Adverbialsätze*

4.1.2.1 *Finalsätze*

Finalsätze (= Adverbialsätze der Absicht, des Zwecks) sind Nebensätze, die ein Adverbiale (eine Umstandsangabe) der Absicht, des Zwecks vertreten. Es handelt sich also um eine **Satzerweiterung**, die durchweg nicht notwendig ist, im Unterschied zur **Satzergänzung** der Subjekt-, Objektsätze, die regelmäßig erforderlich ist. Finalsätze werden genauso eingeleitet wie Begehrssätze, durch ut, alleiniges ne; die Partikeln finden sich jedoch nach beliebigen Sätzen und sind durch »damit«, »damit nicht« (»um zu« + Infinitiv bei gleichem Subjekt in Haupt- und Nebensatz!) zu übersetzen (Begehrssätze mit »dass«, »dass nicht«). Regelmäßig steht der **innerlich abhängige Konjunktiv des Präsens** bzw. **des Imperfekts**. Im übergeordneten Satz begegnen öfter demonstrative Hinweise wie idcírco, ídeo, eo consilio, proptérea – vgl.: Legum idcírco omnes servi sumus, ut liberi esse possímus. *Wir sind darum alle Diener der Gesetze, damit wir frei sein können.*

Im Sinne von ut eo *damit umso / damit desto* erscheint ge-

---

28 Dieses quod, das nach Verben der Gemütsbewegung auch kausal verstanden
    werden kann (... *weil der Friede zurückgewiesen wurde*), ist *eine* plausible Junk-
    tur zum quod *causale* – siehe 4.1.2.3.

wöhnlich (relatives) quo + Konjunktiv = *damit umso / damit desto*: Lex brevis esto, quo facílius teneátur! *Ein Gesetz soll kurz sein, damit es umso leichter behalten und eingehalten wird!*

4.1.2.2 *Konsekutivsätze*

Konsekutivsätze (= Adverbialsätze der Folge) bezeichnen eine Folge dessen, was im Hauptsatz ausgesagt ist, ungeachtet der Absicht des übergeordneten Subjekts. Sie stehen im **Konjunktiv**, unterliegen aber **grundsätzlich nicht der c.t.** Immerhin folgen zumeist Konjunktive des Präsens bzw. des Imperfekts, nicht selten jedoch nach einem Nebentempus im Hauptsatz z.B. ein gleichsam konstatierendes Perfekt im Konjunktiv – vgl.: Rústicus tam pauper fuit, ut filiis nihil nisi víneam relíquerit (statt relínqueret). *Der Bauer war so arm, dass er seinen Söhnen nur einen Weinberg hinterlassen hat.* Nebensatzeinleitende Konjunktion ist ut *(so) dass*, verneint ut non *(so) dass nicht* (entsprechend ut nemo, ut nihil) – ein ut non usw. signalisiert also, dass kein Finalsatz, kein Begehrssatz vorliegt! Im übergeordneten Satz finden sich häufig demonstrative Hinweise wie ita, sic, ádeo, tam, tantus, talis, tot.

a) Ist der übergeordnete Satz negativ, so kann im Folgesatz statt ut non auch quin *dass nicht* stehen: Nemo est tam stultus, quin hoc sciat. *Niemand ist so dumm, dass er dies nicht wüsste.*[29]

b) Eine Reihe von ut-Sätzen nach Ausdrücken des Geschehens und ähnlichen Wendungen werden im Lateinischen als Konsekutivsätze aufgefasst, im Deutschen als einfache indikativische Subjektsätze, so nach áccidit, évenit, fit, nach fíeri potest *(es kann geschehen / es ist möglich)*, nach contíngit *(es gelingt [mir])*, nach restat, réliquum est, nach mos est,

---

29 Im Deutschen regelmäßig nach negativem Hauptsatz irrealer Konjunktiv; im Lateinischen gilt hingegen in diesem Fall die c.t. ohne Bezeichnung der Nachzeitigkeit.

consuetúdo est. Beispiel: Restat ut pauca de me dicam.[30] *Es bleibt (schließlich), dass ich Weniges über mich sage.*

4.1.2.3 *Kausalsätze*

Kausalsätze (= Adverbialsätze des Grundes) werden wie im Deutschen mit dem **Indikativ** konstruiert, wenn sie durch quod, quia (*da, weil*), quoniam, quando, quandóquidem, si quidem (*da ja*), ut (*da ja* [oft ironisch; aus relativem ut entstanden!]) eingeleitet sind und ein objektiver Grund vorliegt. Gleichfalls wie im Deutschen dient der (innerlich abhängige) Konjunktiv zur Bezeichnung des subjektiven Grundes – vgl.: Themístocles noctu ambulabat, quod somnum cápere non **poterat / posset**. *Themistokles ging nachts spazieren, weil er keinen Schlaf finden* **konnte** (objektiver Grund) / **könne** (subjektiver, vorgeblicher Grund – es gelten die Regeln der c.t.). Hierher gehören auch durch non quod, non quo *nicht weil / nicht als ob* (verneint non quod non, non quo non, non quin) + Konjunktiv eingeleitete Kausalsätze, insoweit nur ein als möglich angenommener Grund angeführt wird.

Neben den genannten Konjunktionen begegnet häufig **kausales cum**, das stets den **Konjunktiv** bei sich hat und daher objektive *und* subjektive Begründungssätze einleitet.

4.1.2.4 *Temporalsätze*

Temporalsätze (= Adverbialsätze der Zeit) werden grundsätzlich mit dem **Indikativ** konstruiert. Aus Gründen der Übersichtlichkeit werden sie hier nach den einleitenden Konjunktionen abgehandelt.

---

30 Tritt allerdings ein beurteilendes Adverb zu dem fraglichen Ausdruck, steht ein konstativer quod-Satz: Bene áccidit, quod luna plena erat. *Es traf sich gut, dass der Mond voll war.*

a) cum *temporale*
aa) cum *relativum*: Es bedeutet meist »als« oder »wenn« und liegt immer dann vor, wenn man ein hinweisendes tum, tunc (*damals [als], dann [wenn]*), nunc (*jetzt [wo]*) ergänzen kann und die Handlung einmalig ist. In einem Zusammenhang der **Vergangenheit** (Bedeutung »als«) steht regelmäßig das Perfekt als **absolutes Tempus**, d.h. das Tempus, welches in der Parataxe, aus der alle Hypotaxe hervorgegangen ist, als Erzähltempus gebraucht wird. Beispiel: Cum Caesar in Galliam **venit**, duae ibi factiones erant. *Als Cäsar nach Gallien kam*[31], *gab es dort zwei Parteien.* In Parataxe: Caesar in Galliam **venit**; tum duae ibi factiones erant. *Cäsar kam nach Gallien; damals gab es dort zwei Parteien.* Für die Zeitsphären der **Gegenwart** und der **Zukunft** dagegen gelten dieselben Tempusrelationen in Nebensatz und Hauptsatz wie beim folgenden cum *iterativum* (ab), nämlich Perfekt/Präsens – Präsens (Gegenwart), Futur II / Futur I – Futur I (Zukunft). Vgl. auch im Folgenden postquam (b), priúsquam (c) sowie Anm. 35.
ab) cum *iterativum*: *sooft, jedesmal wenn.* Im Unterschied zum Deutschen wird eine eventuelle Vorzeitigkeit ausgedrückt (c. t. im weiteren Sinne in indikativischen Nebensätzen, wie z.B. bei »nachdem« im Deutschen – siehe 3.1); je nach Zeitsphäre sind die Tempusrelationen in Nebensatz und Hauptsatz Plusquamperfekt – Imperfekt (Vergangenheit), Perfekt – Präsens (Gegenwart), Futur II – Futur I (Zukunft):
Cum in villam véneram, áviam visebam. *Sooft ich zum Landgut kam, besuchte ich die Großmutter.*
Cum in villam veni, áviam viso. *Sooft ich zum Landgut komme, besuche ich die Großmutter.*
Cum in villam vénero, áviam visam. *Sooft ich zum Landgut komme, werde ich die Großmutter besuchen.*

---

31 Dies auch im Deutschen ein absolutes Tempus (anstelle des relativen Plusquamperfekts *gekommen war*).

Sind die Nebensatzhandlungen gleichzeitig, stehen dieselben Tempora wie im Hauptsatz.

Anstelle des iterativen cum können auch ubi und ut sinngleich (*sooft, jedesmal wenn*) und mit denselben relativen Tempora stehen. Zur Bedeutung »sobald« dieser Konjunktionen für die einmalige Handlung siehe Anm. 35.

ac) cum *coíncidens: indem, dadurch dass*. Bei diesem cum fallen Haupt- und Nebensatzhandlung zeitlich und sachlich zusammen: Cum tacent, clamant. *Indem sie schweigen, geben sie ihren Beifall zu erkennen* (Tempora in Haupt- und Nebensatz gleich!). Zu unterscheiden ist davon das **weiterführende** cum, das – oft in Verbindung mit intérea, tamen! – der Anreihung einer neuen Haupthandlung[32] dient und deutsch am besten mit »und doch«, »dabei« (nicht »wobei«, welches als Relativum lediglich einen Nebengedanken einführen kann!) wiedergegeben wird, also durch Verwandlung der Konstruktion in einen Hauptsatz. Beispiel: ... quod cotídie te exspectabam, cum intérea ne lítteras quidem ullas accépi. ... *weil ich dich täglich erwartete; dabei erhielt ich unterdessen nicht einmal irgendeinen Brief.*

ad) cum *invers(iv)um: da*, gelegentlich *als*. Sein Name rührt daher, dass die Haupthandlung im Nebensatz steht, die Nebenhandlung im grammatischen Hauptsatz. Die Konstruktion erklärt sich damit, dass cum-Sätze ihrer Herkunft nach Relativsätze sind (cum < quom), in Relativsätzen aber im Lateinischen ein Hauptgedanke stehen kann (vgl. das vorgenannte weiterführende cum und namentlich den sog. relativen Satzanschluss 4.1.3.2). Im Deutschen ist »da«, weil einen Hauptsatz einleitend, zumeist einem »als« vorzuziehen. Kennzeichnend für den Satztyp ist, dass der grammatische Hauptsatz oft durch Adverbien wie »kaum« (vix), »schon« (iam), »noch nicht« (nondum) eingeführt wird (Tempora meistens Imperfekta oder Plusquamperfekta im

---

32 Ihren Grund findet diese Konstruktion wie im Folgenden die des cum *invers(iv)um* in der besonderen Natur lateinischer Relativsätze. Siehe 4.1.3.2.

Gegensatz zum Erzählperfekt im cum-Satz). Merksatz: **Aper vix** in silvam se abdíd**erat, cum** venatores in conspectum vené**runt**. *Kaum hatte der Eber sich im Wald verborgen, da traten die Jäger auf den Plan.*
In allen bisher genannten temporalen *cum*-Sätzen steht der **Indikativ**; sobald der Nebensatz aber einen **kausalen Nebensinn** aufweist, kausal eingefärbt ist – cum ist ein Relativum; vgl. 4.1.3.1 (c) –, erscheint der **innerlich abhängige Konjunktiv**,[33] liegt das häufig begegnende cum *narrativum* oder *historicum* vor (Übersetzung »als«, »nachdem«) – vgl.: Epaminóndas cum vicisset Lacedaemónios, quaesívit, salvúsne esset clípeus. *Als Epaminondas die Spartaner besiegt hatte, fragte er, ob sein Schild gerettet sei.* Nicht selten allerdings, zumal in nachklassischer Zeit, ist dieser kausale Nebensinn kaum noch fassbar oder überhaupt außer Acht gelassen.

b) postquam, posteáquam: *nachdem, als.* In Sätzen, die durch postquam, posteáquam eingeleitet werden, steht, wenn der Satz der Zeitsphäre der Vergangenheit angehört, das **Perfekt als absolutes Tempus** (im Deutschen ein relatives Plusquamperfekt!).[34] Für die Zeitsphären der Gegenwart und der Zukunft gelten hingegen dieselben Regeln wie für relative und iterative cum-Sätze.[35] Ferner kann bei postquam ein **Imperfekt** stehen; entsprechend der Bedeutung dieses Tempus – es bezeichnet, wie bereits gesagt, die *nicht* abgeschlossene Handlung in der Vergangenheit – ist postquam in diesem Fall mit »als« (»… gerade dabei«) zu übersetzen:

---

33 In gleicher Weise steht der Konjunktiv auch bei eindeutig kausalem und bei konzessiv-adversativem cum – siehe 4.1.2.3 Ende bzw. 4.1.2.5, ferner 4.1.2.8 (ab).
34 Scheinbar weichen von dieser Regel Sätze ab, die eine Zeitbestimmung im *ablativus mensurae* enthalten: Hannibal tertio anno post quam domo profúgerat in Africam rédiit. *Hannibal kehrte zwei Jahre, nachdem er von zu Hause geflohen war, nach Afrika zurück.* Tatsächlich ist das quam solcher Sätze nicht temporal, sondern komparativisch, schreibt man daher besser post quam statt postquam.
35 Gleichfalls mit absolutem Perfekt oder relativem Perfekt bzw. Futur II werden cum, ubi, ut (jeweils eventuell + primum), símulac/simulátque *sobald* konstruiert – vgl. z. B.: Agesiláus cum (primum) imperio potítus est, exercitum in Asiam duxit. *Sobald Agesilaus sich der Herrschaft bemächtigt hatte, führte er ein Heer nach Asien.*

Équites postquam facultas effugiendi non dabatur, ad Pompeium transiérunt. *Als sich keine Möglichkeit zur Flucht bot, gingen die Reiter zu Pompeius über.* Mit dem **Präsens** verbunden bedeutet postquam »seit(dem)«: Plane relegatus mihi videor, posteáquam in Formiano sum. *Geradezu verbannt komme ich mir vor, seit(dem) ich auf dem Landgut bei Formiae bin.*

c) Mit priúsquam und ántequam[36] (*bevor, ehe*) eingeleitete Sätze werden einmal konstruiert wie postquam-Sätze (mit **absolutem Perfekt, relativem Perfekt, Futur II**). Bei einem Futur im Hauptsatz begegnet aber im Falle, dass die Nebensatzhandlung gleichzeitig ist, wie im Deutschen der Indikativ des Präsens statt des Futurs I sowie – nahezu unterschiedslos! – der Konjunktiv des Präsens. Ferner wird häufig der innerlich abhängige Konjunktiv gesetzt, wenn die Nebensatzhandlung tatsächlich gar nicht eintritt: Númidae, priúsquam ex castris subveniretur, in proximos colles discessérunt. *Bevor aus dem Lager Hilfe kam, rückten die Numider zu den nächstgelegenen Hügeln ab.* Oft hat der Nebensatz in diesem Falle einen finalen Nebensinn (*bevor* = »damit nicht erst«), steht der Konjunktiv (des Präsens oder des Imperfekts) schon deswegen: Priúsquam hostes se recíperent, Caesar aggressus est. *Bevor die Feinde sich zurückzogen, griff Cäsar an.*

d) Dum, donec, quámdiu bedeuten mit dem Indikativ »solange als«, »solange bis«, dum auch »während«. Hat dum die Bedeutung »während«, folgt ihm stets der Indikativ des **Präsens**, auch dann, wenn im übergeordneten (Haupt-)Satz ein Nebentempus steht (für diesen Fall ist »während« angesichts der sonst geltenden Gleichzeitigkeit von Haupt- und Nebensatzhandlung die allein mögliche Übersetzung, bleibt das lateinische Präsens im Deutschen unbeachtet!). – Bei finalem Nebensinn (siehe priúsquam) erscheint bei dum (*bis* = »damit unterdessen«) der innerlich abhängige Konjunktiv: Exspecta, dum fratrem arcessam! *Warte, bis ich meinen Bruder hole!*

---

36 Jeweils auch in zwei Wörtern geschrieben.

4.1.2.5 *Konzessivsätze*

Konzessivsätze (= Adverbialsätze der Einräumung) stehen in klassischer Sprache im **Indikativ**, wenn sie durch quamquam eingeleitet werden.[37] Alle anderen konzessiven Konjunktionen, quamvis, cum, ut (Ut desint vires, tamen est laudanda voluntas. *Mögen auch die Kräfte fehlen, so ist dennoch der gute Wille zu loben.*), licet (Licet omnes fremant[38] … *Mögen auch alle murren …*) haben den **innerlich abhängigen Konjunktiv** bei sich.

Den Konjunktionen etsi, etiámsi und tamétsi ist zwar eine konzessive Bedeutung eigen, doch sind sie von Haus aus konditional (*wenn auch, auch wenn*) und unterliegen daher den Regeln der kondizionalen Satzgefüge – siehe 4.1.2.6 (d).

Verwandt mit konzessivem cum ist **adversatives** cum *während (hingegen)*: Plato Socratis vários sermónes trádidit, cum ipse lítteram Socrates nullam reliquisset. *Plato überlieferte verschiedene Reden Sokrates', während Sokrates selbst nichts Schriftliches hinterlassen hatte.* Im Unterschied zum Gebrauch des temporalen dum *während* wird im cum-Satz auf den Gegensatz abgestellt!

4.1.2.6 *Kondizionale Satzgefüge = hypothetische Perioden*

Kondizionale Satzgefüge (= Adverbialsätze der Bedingung) werden im Lateinischen durch si[39] *wenn, falls*, nisi, sinon[40] *wenn nicht, falls nicht* eingeleitet. Wie im Deutschen unterscheidet man einen

a) **indefiniten** oder **realen Fall** der hypothetischen Periode, der durch den **Indikativ aller Tempora** gekennzeichnet ist

---

37 Insofern es ursprünglich verallgemeinernde Relativsätze waren – quamquam bedeutet zunächst »wie auch immer« –, in verallgemeinernden Relativsätzen aber in klassischer Sprache durchweg der Indikativ steht – siehe 4.1.3.1.

38 Der Herkunft nach konjunktionsloser Begehrssatz nach licet *es ist erlaubt.*

39 Eigentlich »so« (vgl. sic!), das sich gelegentlich auch im Deutschen so verwendet findet – vgl.: »So Gott will.«

40 Mit Ton auf der Negation im Unterschied zu nisi.

(Si hoc dicis [dicebas, dices], erras [errabas, errabis]. *Wenn [Falls] du dies behauptest [behauptetest, behauptest[41]], irrst du [irrtest du, wirst du irren].*), sowie einen

b) **irrealen Fall** der hypothetischen Periode, und zwar

ba)   der **Gegenwart**, welcher – wie im Deutschen! – durch den **Konjunktiv des Imperfekts**[42] gekennzeichnet ist (Si hoc diceres, errares. *Wenn [Falls] du dies behauptetest, irrtest du [würdest du irren].* – siehe Anm. 1), und

bb)   der **Vergangenheit**, welcher – wie im Deutschen! – durch den **Konjunktiv des Plusquamperfekts**[42] gekennzeichnet ist (Si hoc dixisses, erravisses. *Wenn [Falls] du dies behauptet hättest, hättest du geirrt.* – im lateinischen Nachsatz auch Umschreibung erraturus [-a] fuisti oder eras ... *warst du im Begriff zu irren* = ... *hättest du geirrt* möglich!). Bisweilen gehören Vorder- und Nachsatz einer irrealen hypothetischen Periode unterschiedlichen Zeitsphären an – vgl. z. B.: Haec res si esset (irrealer Fall der Gegenwart), iam dudum esset inventa (irrealer Fall der Vergangenheit). *Wenn dieser Gegenstand existierte, wäre er schon längst entdeckt (worden).*

In der Nachfolge des Griechischen hat das Lateinische noch einen dritten Fall ausgebildet, den

c) **potentialen Fall** der hypothetischen Periode, in welchem Bedingung und Folgerung als möglich hingestellt werden. Gekennzeichnet ist der Fall durch den **Konjunktiv des Präsens oder des Perfekts** (ererbter Gebrauch des Perfekts; vgl. die potentiale Behauptung[43] 1.1.3): Si hoc dicas (díxeris), erres (erráveris). *Wenn (Falls) du dies behaupten solltest, könntest (würdest) du irren.*

---

41 Deutsch Präsens für dices, da Futur im Nebensatz regelmäßig vernachlässigt – siehe Anm. 6.

42 Vgl. damit den irrealen Behauptungssatz und den unerfüllbar gedachten Wunschsatz 1.1.2 bzw. 1.2.2 (b): Beide konstituieren – wie im Deutschen! – die irreale hypothetische Periode.

43 Welche den Nachsatz der Periode bildet, während der Vordersatz aus einem erfüllbar gedachten Wunschsatz hervorgegangen ist – siehe 1.2.2 (a). Vgl. die vorausgehende Anmerkung.

Beachte, dass nicht nur die beschriebenen musterhaften Fälle begegnen, sondern z. B. auf einen potentialen Vordersatz ein indefiniter Nachsatz folgen kann: Si hoc dicas, erras. *Wenn du dies behaupten solltest, irrst du* (so im Deutschen, wenn möglich, genau wiedergeben!).

Merke folgende besondere Verbindungen mit si:

Sin (autem) *wenn aber* (für gewöhnlich nach vorausgehendem kondizionalen Satzgefüge), quod si (quodsi) *wenn also (wenn daher), wenn aber*, si modo[44] *wenn nur* (einschränkend), si quidem *wenn wirklich, wenn überhaupt* (oft in kausales »da ja« übergehend – siehe 4.1.2.3), nisi forte, nisi vero *wenn nicht etwa, es müsste denn sein, dass* (oft ironisch), sive *oder wenn* (meist wiederholt sive … sive … *sei es, dass …, sei es, dass …*).

d) Etsi, etiámsi und tamétsi haben konzessive Bedeutung – siehe 4.1.2.5 –, leiten aber formal kondizionale Satzgefüge ein, tamétsi stets mit dem Indikativ, etsi, etiámsi auch mit dem Konjunktiv. Eine Bedingung enthalten schließlich auch durch dum, modo, dúmmodo *wenn … nur (wofern … nur)* eingeleitete Sätze. Sie stehen im Konjunktiv – vgl.: Óderint, dum métuant. *Sie mögen mich hassen, wenn sie mich nur fürchten* (Caligula).

e) Ein besonderes Problem entsteht, wenn hypothetische Perioden von einem *verbum dicendi* abhängig gemacht werden, der Nachsatz also in den A. c. I. treten muss, oder wenn kondizionale Satzgefüge derart abhängig gemacht werden, dass der Nachsatz den innerlich abhängigen Konjunktiv erfordert. In beiden Fällen unterliegen **indefinite**[45] und **potentiale hypothetische Perioden** den üblichen Regeln der c. t. Das bedeutet aber, dass eine potentiale Periode sich hinter den Konjunktiven der innerlichen Abhängigkeit ver-

---

44 Diese und die folgenden Kombinationen regelmäßig mit Indikativ!

45 Besonders oft begegnet der indefinite futurische Fall in der Abhängigkeit. Er unterliegt dann denselben Regeln, die 3.2.3 am Beispiel von (temporalen) cum-Sätzen dargelegt sind. Es genügt, dort das cum durch si zu ersetzen, um den Gebrauch zu veranschaulichen.

bergen kann, ein Satz z. B. wie dixit Senecam, si hoc diceret (so nach den Regeln der c. t.), errare auch bedeuten kann »er (sie) erklärte, dass Seneca, wenn er dies behaupten sollte, irren könnte (würde)« (neben »..., wenn er dies behaupte, irre«). Es ist also der Konjunktiv des Imperfekts von »sollen« + Infinitiv (Vordersatz), von »können« (»werden«) + Infinitiv (Nachsatz) immer in Betracht zu ziehen.

In der **irrealen hypothetischen Periode** (der Gegenwart und der Vergangenheit) dagegen tritt nach den *verba dicendi* der Nachsatz in einen A. c. I. mit dem Infinitiv -(t)urum (-am) fuisse[46], während der Vordersatz unverändert bleibt: Puto eum, si hoc díceret (dixisset), erraturum fuisse. *Ich behaupte, dass er, wenn er dies sagte (gesagt hätte), irrte oder irren würde (geirrt hätte).* In Ermangelung einer passiven Konstruktion umschreibt man entsprechend mit futurum fuisse, ut (+ Konjunktiv des passiven Imperfekts) *geschähe es oder würde es geschehen, dass (wäre es geschehen, dass)* zu fieri, ut – vgl. fit, ut 4.1.2.2 (b). Die Ausdrücke des Könnens, Sollens, Müssens treten in den Infinitiv des Perfekts.

Erfordert der Nachsatz hingegen den Konjunktiv der innerlichen Abhängigkeit, so bleiben für den irrealen Fall der Gegenwart Vorder- und Nachsatz unverändert, *kann* für den irrealen Fall der Vergangenheit bei unverändertem Vordersatz im Nachsatz eine Umschreibung auf -(t)urus (-a) fúerim[46] eintreten (unter der Voraussetzung, dass diese Form überhaupt gebildet werden kann): Dubium non est (erat), quin, si hoc dixisset, erraturus (-a) fúerit. *Es ist (war) nicht zweifelhaft, dass er (sie), wenn er (sie) dies gesagt hätte, geirrt hätte.* Ausdrücke des Könnens, Sollens, Müssens erscheinen im Konjunktiv des Perfekts oder des Plusquamperfekts.

---

46 Zur Entstehung dieser Form vgl. die Ersetzung des *coniunctivus plusquamperfecti* durch -(t)urus (-a) fui oder eram im Nachsatz der irrealen hypothetischen Periode der Vergangenheit (4.1.2.6 [bb]).

4.1.2.7 *Komparativsätze*

Komparativsätze (= Adverbialsätze des Vergleichs) stehen wie im Deutschen im Indikativ, z. B. mit ut *relativum*: Ut salutámus, ita resalutámur. *Wie wir grüßen, so werden wir wiedergegrüßt.* Nach Ausdrücken der Gleichheit und der Ungleichheit erscheint ac, atque für deutsches »wie«, »als«: Non aliter dixi ac sensi. *Ich habe nicht anders geredet als gedacht.*

Bedingte Vergleichssätze, eingeleitet durch quasi, tamquam (si), velut si, haben hingegen den Konjunktiv bei sich, und zwar im Gegensatz zum Deutschen, wo sich zumeist ein irrealer Konjunktiv findet, den Konjunktiv der innerlichen Abhängigkeit: Num testibus opus est, quasi res dubia sit? *Sind etwa Zeugen erforderlich, als ob die Sache zweifelhaft wäre* (neuerdings oft auch – entsprechend dem Lateinischen! – *sei*)*?*

4.1.2.8 *Übersicht mehrdeutiger Konjunktionen*

Zum Abschluss seien mehrdeutige Konjunktionen im Einzelnen aufgeführt – sie zu jeder Zeit in dieser Reihenfolge präsent zu haben erleichtert das Übersetzen außerordentlich:

aa) cum + Indikativ – vgl. dazu das cum *temporale* 4.1.2.4 (a).

ab) cum + Konjunktiv erscheint als
  * cum *narrativum* oder *historicum* (*als, nachdem*),
  * cum *causale* (*da, weil*),
  * cum *concessivum-adversativum* (*obgleich, obwohl* usw. / *während* [*hingegen*]).

ba) ut + Indikativ erscheint als
  * ut *relativum* (*wie* [bei regelmäßig demonstrativem ita, sic]),
  * ut *causale* (*da ja* [oft ironisch]),
  * ut *temporale* (*sobald* [oft mit primum; gleichbedeutend cum / cum primum, ubi / ubi primum und símulac/simulátque]; *sooft, jedesmal wenn* [bei wiederholter Handlung; gleichbedeutend cum, ubi]).

bb) ut + Konjunktiv erscheint als

- ut *finale* (*damit*; *um zu* + Infinitiv),
- ut *optativum* (Begehrssatz einleitend: *dass*; *dass nicht* nach Ausdrücken des Fürchtens und der Gefahr),
- ut *explicativum* (*nämlich dass*, *nämlich* + Infinitiv),
- ut *consecutivum* (*so dass*; *dass* bei demonstrativem Hinweis im übergeordneten Satz),
- ut *concessivum* (*mag auch* – vgl.: Ut desint vires, tamen est laudanda voluntas.),
- ut *interrogativum* (einen abhängigen Fragesatz einleitend: *wie* – vgl.: Ut res se hábeat, expónam. *Wie die Sache sich verhält, will ich darlegen.*).

Wie eine Konjunktion – stets mit Konjunktiv – wird quin gebraucht

ca)   nach negativen Ausdrücken des Zweifelns (= *dass*; vgl. non dubito, quin … *ich zweifele nicht, dass …*) – siehe 4.1.1.1 Ende,

cb)   nach negativen Ausdrücken der Ablehnung und des Hinderns (= *dass*; vgl.: Nihil obstat, quin sis beatus [-a]. *Nichts hindert, dass du glücklich bist.*); statt quin kann auch quómínus stehen – siehe 4.1.1.2 (d),

cc)   nach negativen Sätzen überhaupt anstelle von konsekutivem ut non oder qui non, quae non, quod non (*dass nicht* oder *der nicht, die nicht, das nicht*; vgl.: Non sum tam stultus quin hoc sciam. *Ich bin nicht so dumm, dass ich das nicht wüsste.*[47] / Non sum is, quin hoc sciat. *Ich bin nicht der, der das nicht wüsste.*) – siehe 4.1.2.2 (a) und 4.1.3.1 (b),

cd)   in Kausalsätzen als non quin im Sinne von non quod non, non quo non (*nicht weil nicht, nicht als ob nicht*) – siehe 4.1.2.3.

---

47 In diesem und im folgenden Satz im Deutschen ein irrealer Konjunktiv, während im Lateinischen ein Konjunktiv der innerlichen Abhängigkeit steht (nach den Regeln der c. t., aber ohne Bezeichnung der Nachzeitigkeit)! Vgl. Anm. 29.

4.1.3 *Attributsätze*

Attributsätze, also Sätze, die ein Attribut vertreten, stellen nur einen Teil der **Relativsätze** dar; ein anderer sind **Subjekt-, Objektsätze** – vgl.: Qui salútat (Subjekt), resalutátur. *Wer grüßt, wird wiedergegrüßt.* –, welche daher unter 4.1.1 abzuhandeln wären. Da für das Folgende aber der Unterschied ohne Belang ist, lassen sich beide Satztypen in einem darstellen.

4.1.3.1 *Der Modusgebrauch in Relativsätzen*

Wie im Deutschen finden sich in Relativsätzen gewöhnlich die **Modi der Behauptungssätze** – siehe 1.1. Allein in **verallgemeinernden Relativsätzen** steht in klassischer Sprache – nicht selten abweichend vom Deutschen! – durchweg der **Indikativ**: Quisquis hoc dicit, errat. *Wer immer das behaupten mag, irrt.* / Ubicumque es, meménto a tuis desiderari! *Wo immer du sein magst, denke daran, dass du von den Deinen vermisst wirst!*

Der **Konjunktiv der innerlichen Abhängigkeit** dient im Lateinischen der **adverbialen Einfärbung**, und zwar der Kennzeichnung eines

a) finalen Nebensinnes (Mílites misérunt, qui vidérent … *Sie schickten Soldaten, die **sehen sollten** …*), eines

b) konsekutiven Nebensinnes (Sunt [homines], qui nésciant … *Es gibt Menschen, die nicht wissen … [… von der Art, dass sie nicht wissen …]* – im Deutschen bleibt der Konjunktiv zumeist unbeachtet; siehe jedoch 4.1.2.8 [cc]), eines

c) kausalen Nebensinnes (O fortunáte adulescens, qui tuae virtutis Homérum praecónem invéneris! *Du glücklicher Jüngling, der du ja (= da du ja) Homer als Künder deiner Vorzüge gefunden hast!* – im Deutschen lediglich Einfügung eines adverbialen »ja«), eines

d) adversativen oder konzessiven Nebensinnes (Reus, qui ántea pertináciter tacuisset, subito omnia confessus est. *Der Angeklagte, der zuvor doch hartnäckig geschwiegen hatte, gestand plötzlich alles.* – im Deutschen nur Einfügung eines adverbialen »doch«).

4.1.3.2 *Der relative Satzanschluss*

Eine Besonderheit des Lateinischen ist die häufige Verwendung des sog. **relativen Satzanschlusses**, d. h. die Anknüpfung eines neuen Satzes nicht mit Hilfe eines Demonstrativums, sondern durch ein Relativum (Beispiel: Quod erat demonstrandum! *Was zu beweisen war! = Dies war zu beweisen!*). Dem liegt zugrunde, dass im Lateinischen Relativsätze weniger als Nebensätze empfunden werden als im Deutschen und daher ohne Not einen Hauptgedanken enthalten können. Im Deutschen ist der relative Satzanschluss jedenfalls selten und somit nur gelegentlich die gebotene Übersetzung.

4.1.3.3 *Die relative Verschränkung*

Eine weitere Eigentümlichkeit des Lateinischen ist die **relative Verschränkung**. Wird nämlich von einem Hauptsatz (eventuell einem Nebensatz oder seiner Vertretung, im nachfolgenden Fall einem A. c. I.) mit Hilfe eines Relativums ein Satzgefüge abhängig gemacht, so tritt der Nebensatz dieses Satzgefüges regelmäßig an dessen Spitze und bestimmt den Kasus des Relativums: Plácuit legatos Saguntum mitti, **quibus** si digna viderétur causa, inde Cartháginem irent. *Man beschloss, Gesandte nach Sagunt zu schicken; wenn diesen die Sache von genügender Bedeutung erscheine, sollten sie von dort nach Karthago reisen* (quibus Dativ, wie von si digna viderétur causa gefordert). Die Stelle des vorangestellten Nebensatzes kann auch eine (diesen vertretende) Partizipialkonstruktion einnehmen – vgl.: ... impedimenta, **quibus amissis** (= quae simultáque amisérunt,) bellum geri non potest. ... *der Tross, nach dessen Verlust der Krieg nicht geführt werden kann.* – sowie ein A. c. I. – vgl.: ... pater, quem aegrotare

sciebamus. ... *der Vater, von dem wir wussten, dass er krank
war.* = ... *der Vater, der, wie wir wussten, krank war.*

Jedes Mal aber ist zu unterscheiden zwischen einer **notwendigen** und einer **nicht notwendigen Verschränkung**. Im letzteren Falle ist es möglich, nach dem Hauptsatz ein Semikolon zu setzen und das verbindende Relativum des nachfolgenden Satzgefüges als relativen Satzanschluss zu verstehen: Vgl. den obigen Satz Plácuit legatos Saguntum mitti, **quibus** ... Die notwendige Verschränkung dagegen erfordert eventuell eine freiere Übersetzung.

5 Die indirekte Rede (*oratio obliqua*)

Begegnen *mehrere* Behauptungssätze, Begehrssätze, Fragesätze,[48] die von einem *verbum dicendi* abhängen, *in Folge,* so spricht man von **indirekter Rede** (*oratio obliqua*): In ihr gelten die Regeln, die bereits genannt worden sind.[49] Darnach treten

Behauptungssätze in den A. c. I.,

Begehrssätze in den Konjunktiv der innerlichen Abhängigkeit nach den Regeln der c. t.,

Fragesätze gleichfalls in den Konjunktiv der innerlichen Abhängigkeit nach den Regeln der c. t. – allein rhetorische Fragen stehen im A. c. I., entsprechend ihrem behauptenden Sinn.

Alle Sätze, die ihrerseits von diesen drei Satztypen abhängen, werden zu Nebensätzen zweiten oder weiteren Grades und treten **sämtlich** in den **Konjunktiv der innerlichen Abhängigkeit**. Das hat zur Folge, dass in der indirekten Rede die Bedeutungen einzelner Konjunktionen nicht mehr nach der Modusverwendung unterschieden werden können, ein cum-Satz also oder ein ut-Satz trotz des Konjunktivs durchaus temporal sein können.

Gemäß den Regeln der innerlichen Abhängigkeit werden **reflexive Personal-** und **Possessivpronomina** gebraucht (sie-

---

48 Siehe 1.1 Behauptungssätze, 1.2 Begehrssätze, 1.3 Fragesätze.
49 Siehe 4.1.1.3 (6.2.2 [b]), 4.1.1.2 (b), 4.1.1.1.

he 3.2.4). Das reflexive Personalpronomen fehlt öfter; andererseits kann zu seiner Verdeutlichung ipse eintreten. Ille steht für die zweite Person, is für die dritte Person. – Bei der Übersetzung ins Deutsche sind gute Kenntnisse der deutschen Grammatik erforderlich. So vermeide man, den deutschen Konjunktiv des Imperfekts (oder des Präsens) mit dem Kondizional zu vertauschen, da »ich würde« usw. mit dem Infinitiv in der indirekten Rede die Nachzeitigkeit bezeichnet. Also bei Gleichzeitigkeit in der *oratio obliqua*: »(Die meisten sind/waren der Meinung:) Cäsars Reiter **schwärmten** nachts aus und **beherrschten** alle Plätze und Wege«, nicht »… **würden** nachts **ausschwärmen** und alle Plätze und Wege **beherrschen**«! Ferner ist zu bedenken, dass der lateinische Konjunktiv des Imperfekts nicht selten durch den deutschen Konjunktiv des Perfekts oder Plusquamperfekts wiedergegeben werden muss, da der deutsche Konjunktiv des Imperfekts die Bedeutung der Vergangenheit verloren hat (und überdies vielfach vom Indikativ nicht verschieden ist). Vgl.: Narrant Dionýsium tyrannum, cum apud Lacedaemónios **cenaret**, iure nigro, quod cenae caput erat,[50] parum delectatum esse. *Man erzählt, dass der Tyrann Dionysius, als er bei den Spartanern **gespeist habe**, an der schwarzen Suppe, welche das Hauptgericht war, wenig Freude gehabt habe.*

Textprobe mit Übersetzung (Caesar, *De bello civili* 1,84; der bedrängte Afranius wendet sich an Cäsar und an die Soldaten beider Heere):

Audiente utroque exercitu loquitur Afranius: Non esse aut ipsis aut militibus suscensendum, quod fidem erga imperatorem suum Cn. Pompeium conservare voluerint. Sed satis iam fecisse officio satisque supplicii tulisse perpessos omnium rerum inopiam; nunc

---

50 Hier ist der Indikativ geboten, weil der Relativsatz nicht zur *oratio obliqua* gehört, sondern kommentierender Zusatz des Erzählers der Episode ist. Entsprechend steht auch im Deutschen der Indikativ.

vero paene ut feras circummunitos prohiberi aqua, prohiberi in-
gressu, neque corpore dolorem neque animo ignominiam ferre
posse. Itaque se victos confiteri; orare atque obsecrare, si qui lo-
cus misericordiae relinquatur, ne ad ultimum supplicium progredi
necesse habeat.

Während beide Heere ihn anhören, erklärt Afranius: Weder
ihnen noch den Soldaten dürfe man mit Zorn begegnen, weil
sie ihrem Befehlshaber Cn. Pompeius die Treue hätten halten
wollen. Aber jetzt hätten sie genug nach der Pflicht gehandelt
und genug an Qualen ertragen, Mangel an allem erduldet;
nun aber würden sie, fast wie wilde Tiere umringt, am Zu-
gang zum Wasser gehindert, am Fortkommen gehindert, und
sie könnten weder den körperlichen Schmerz noch die seeli-
sche Schmach ertragen. Daher bekennten sie, besiegt zu sein;
und sie bäten inständig, wenn noch ein wenig Mitgefühl blei-
be, dass er (Cäsar) es nicht für nötig halte, bis zum Äußersten
zu gehen.

6 Die Nominalformen des Verbs

Nominalformen des Verbs **haben an der Natur von Nomen**
und Verb teil: Sie sind einerseits wie ein Nomen deklinierbar
oder jedenfalls (erstarrte) Kasus, andererseits offensichtlich
verbale Formen, die als solche eventuell durch Adverbien gekennzeichnet werden und die Verbalrektion bewahren, d. h.
Objekte in den gleichen Kasus bei sich haben wie das finite
Verb.

6.1 Das Partizip

Das **Partizip** ist ein **Verbaladjektiv** und grundsätzlich wie ein
Adjektiv verwendbar, d. h. als Attribut (6.1.1), Prädikatsnomen
(6.1.2) und Prädikativum (6.1.3).

6.1.1 *Das Partizip als Attribut*

Das Partizip als **Attribut** ist im Lateinischen selten – vgl. immerhin den Satz Laelius insulam obiectam portui Brundisíno tenuit (*Laelius hielt die vor dem Hafen Brundisium liegende Insel besetzt*), dessen Partizip obiectam als attributiv anzusehen ist.

6.1.2 *Das Partizip als Prädikatsnomen*

Als **Prädikatsnomen** wird das Partizip des Präsensstamms zur Bezeichnung eines dauernden Zustands gebraucht (Audiens est. *Er [Sie] ist gehorsam.*), das Perfekt- und das Futurstammpartizip zur Bildung des passiven Perfekts bzw. der *coniugatio periphrastica*.

6.1.3 *Das Partizip als Prädikativum*

Außerordentlich häufig hingegen begegnet das Partizip als **Prädikativum**. Ist es ein Prädikativum – und von der prädikativen Verwendung ist immer zuerst auszugehen –, so ist es zu unterscheiden zwischen seiner Verwendung im *accusativus cum participio* (**A. c. P.**) und als **Adverbiale**.

6.1.3.1 *Das Partizip im* accusativus cum participio *(A. c. P.)*

Das Partizip im *accusativus cum participio* (A. c. P.) begegnet nach **Ausdrücken der sinnlichen Wahrnehmung** und den Verben fácere, indúcere *als redend oder handelnd einführen, darstellen* (Audio te canentem. *Ich höre, **wie** du singst.* – im Unterschied zu Audio te cánere. *Ich höre, **dass** du singst*; siehe 6.2.2 [a]).

6.1.3.2 *Das Partizip als Adverbiale*

Dieses adverbial gebrauchte prädikative Partizip, das sog. *participium coniunctum*, weil regelmäßig mit einem Satzteil durch denselben Kasus verbunden, ist auch im Deutschen nicht unüblich, wenngleich viel seltener als im Lateinischen – vgl. z. B.: »Wild gestikulierend, (!) redete er auf ihn ein.«

Es ist folgendermaßen aus dem Lateinischen zu übersetzen:

a) wörtlich (wenn im Deutschen möglich) – vgl.: Sagítta íctus cécidit. *Vom Pfeil getroffen, stürzte er nieder,*

b) nominal, d. h. durch eine präpositionale Wendung – vgl.: Mílites hortátus proélium commísit. *Nach einer ermutigenden Rede an die Soldaten begann er den Kampf,*

c) beiordnend mit »und«, soweit der Tempusstamm des Partizips es erlaubt – vgl.: Mílites hortátus proélium commísit. *Er hielt eine ermutigende Rede an die Soldaten und begann den Kampf,*

d) durch »ohne zu«, wenn das Partizip negiert und modal gebraucht ist – vgl.: Non dúbitans dico … *Ohne zu zögern, behaupte ich …,*

e) durch einen Adverbialsatz, und zwar
   • temporaler (*als, nachdem, während* usw.),
   • kausaler (*da, weil*),
   • modaler (*indem, dadurch dass*),
   • kondizionaler (*wenn, falls*),
   • konzessiver (*obgleich, obwohl* usw.) Art.

Das Futurstammpartizip kann überdies ein finales Verhältnis bezeichnen: Imperátor venit hortatúrus. *Der Befehlshaber kam, um eine ermutigende Rede zu halten.*

Beachte: Es ist zweckmäßig, in der aufgeführten Reihenfolge nach einer angemessenen deutschen Übersetzung zu suchen. In jedem Falle aber ist der **Tempusstamm** des Partizips im Auge zu behalten, insbesondere: Perfektstammpartizip

= Vorzeitigkeit, Präsensstammpartizip = Gleichzeitigkeit im Verhältnis zur übergeordneten Handlung.[51]

Aus dem *participium coniunctum*, das sich auf einen *ablativus instrumentalis*, *separativus* oder *locativus* bezieht, hat sich der sog. **ablativus absolutus** entwickelt: Duóbus litigantibus tertius gaudet. *Über zwei freut sich, wenn sie sich streiten, der dritte* (Instrumentalis). = *Zwei sich streitend*[52], *freut sich der dritte.* = *Wenn zwei sich streiten, freut sich der dritte.* / Corintho capta statim profectus (-a) est. *Aus Korinth brach er (sie) nach dessen Einnahme sofort auf* (Separativus). = *Korinth eingenommen*[52], *brach er (sie) sofort auf.* = *Nach der Einnahme Korinths brach er (sie) sofort auf.* / Aestate ínita in Galliam revertérunt. *Im Sommer, sobald der begonnen hatte, kehrten sie nach Gallien zurück* (Locativus). = *Der Sommer begonnen*[52], *kehrten sie nach Gallien zurück.* = *Nach Sommerbeginn kehrten sie nach Gallien zurück.* Sein Name rührt daher, dass er in die Syntax des übrigen Satzes nicht mehr integriert, von ihm »losgelöst« ist. Er besteht regelmäßig aus einem Nomen im Ablativ und einem entsprechenden Partizip, das sich zu dem Nomen wie ein Prädikat verhält, und ist nicht anders zu übersetzen als das *participium coniunctum* – wörtlich mit einem absoluten Nominativ (»diese Kenntnisse vorausgesetzt« – im Deutschen selten), statt mit »ohne zu« mit »ohne dass« (Hoste non audiente imperator progrediebatur. *Ohne dass der Feind es hörte, rückte der Befehlshaber vor.*). – Eine Sonderform des *ablativus absolutus* ist der sog. **nominale ablativus absolutus**, welcher aus zwei Nomina besteht, von denen das zweite Prädikatsnomen ist (zu dem gewissermaßen ein Ablativ des nicht existenten Partizips von esse hinzuzudenken ist): Tarquinio rege Pythagoras in Italiam venit. *Als Tarquinius König war, kam Pythagoras nach Italien.* Der nominale *ablativus absolutus* bezeichnet entsprechend dieser

---

51 Einige mediale Perfektstammpartizipien bezeichnen (als alte Aoriste!) keine Vorzeitigkeit – vgl. arbitrátus, ratus *in der Meinung*, véritus *in der Befürchtung*, confísus *im Vertrauen*.

52 Im Deutschen absoluter Nominativ!

Definition stets eine Handlung, die im Verhältnis zur Haupthandlung gleichzeitig ist.

Da das *participium coniunctum* und der *ablativus absolutus*
als innerlich abhängig empfunden werden, stehen gemäß den
Regeln der innerlichen Abhängigkeit **reflexive** Personal- und
Possessivpronomina (siehe 3.2.4).

6.2   Der Infinitiv

Der **Infinitiv** ist ein **Verbalsubstantiv**, hervorgegangen aus
einem finalen Dativ, wie das Deutsche (und das Griechische)
noch deutlich zeigen – vgl.: »Ich gebe dir den Brief **zu lesen**.«
= »… damit du ihn liest.« Im Lateinischen ist dieser finale
Charakter weitgehend verlorengegangen.

6.2.1   *Der Infinitiv als Subjekt oder Objekt*

Der **Infinitiv** kann wie im Deutschen **Subjekt** oder **Objekt**
sein. Ist er Subjekt, steht ein eventuelles Prädikatsnomen oder
Prädikativum im Akkusativ, ist er Objekt, treten beide in den
Nominativ: Sua culpa páuperem esse dedécori est. *Durch eigenes
Verschulden arm zu sein ist unehrenhaft.* / Cato malebat bonus
esse quam videri. *Cato wollte lieber rechtschaffen sein als scheinen.* Welche Verben und Ausdrücke eine infinitivische Konstruktion erlauben, ist im Einzelnen nach der Wortkunde zu
lernen.

6.2.2   *Der* accusativus cum infinitivo *(A. c. I.)*

Nicht eine Besonderheit des Lateinischen, aber eine Konstruktion von ungleich weiter reichender Verwendung als im Deutschen ist der sog. *accusativus cum infinitivo* (**A. c. I.**). Im
Deutschen findet sich diese Struktur – allerdings beschränkt

auf den aktiven Infinitiv des Präsens – u.a. nach den Verben der sinnlichen Wahrnehmung – vgl.: »Ich höre **ihn singen**.« / »Ich sehe **sie laufen**.« Genaugenommen liegen zwei Objekte vor, »ihn«/»sie« und »singen«/»laufen«, die freilich so gebraucht sind, dass das nominale Objekt zugleich Subjekt des infinitivischen Objekts ist – vgl. die Umwandlung des erstgenannten Satzes »Ich höre ihn singen« in »Ich höre, dass er singt«. Dieser A.c.I. findet sich im Lateinischen, und zwar grundsätzlich mit allen Infinitiven, nicht nur

a) nach den **Verben der sinnlichen Wahrnehmung,**[53] sondern ferner

b) nach den **Ausdrücken des Sagens und Denkens** (*verba dicendi*) zum Ausdruck einer Behauptung:[54] Puto te errare. *Ich glaube, dass du irrst.*[55] Zu beachten ist, dass bei den Verben sperare, iurare, promíttere (pollicéri) und minari entgegen dem Deutschen eine eventuelle Nachzeitigkeit berücksichtigt wird: Spero eum tempestíve esse venturum. *Ich hoffe, dass er rechtzeitig kommt (kommen wird). = Hoffentlich kommt er rechtzeitig.* Dann

c) nach den **Ausdrücken der Gemütsbewegung**: Aegre ferébant pacem repudiari. *Sie waren ungehalten, dass der Friede zurückgewiesen wurde.* Statt des A.c.I. findet sich jedoch viel häufiger ein konstativer quod-Satz – vgl. 4.1.1.3;

d) nach den Verben velle, nolle, malle, cúpere, wenn das Subjekt des A.c.I. ein anderes ist als das des regierenden Verbs: Volo (cúpio) te domi manére. *Ich möchte, dass du zu Hause bleibst.* Ohne Wechsel des Subjekts folgt aber regelmäßig

---

53 Nach denen auch ein A.c.P. stehen kann – siehe 6.1.3.1.

54 Folgt dagegen ein Begehrssatz, so steht, wie zu erwarten, ein ut-Satz – siehe 4.1.1.2 (b).

55 Zum deutschen Modusgebrauch vgl. Anm. 16. Hier, bei »ich glaube«, einem *Präsens* der *1.* Person im übergeordneten Satz, kann im Deutschen nur der Indikativ stehen. – Nicht ganz von der Hand zu weisen ist allerdings der seltene Fall, dass der A.c.I. des Beispielsatzes eine potentiale Behauptung verdeckt – *dass du irren könntest*. Eine solche Alternative bleibt für nicht wenige A.c.I. immerhin erwägenswert. Siehe dazu 4.1.2.6 (e).

wie im Deutschen der einfache Infinitiv: Volo domi manére. *Ich will zu Hause bleiben.* Weiter

e) nach iubére, vetare, sínere und pati: Medicus aegrotum assúrgere vétuit. *Der Arzt verbot, dass der Kranke aufstand.* = *Der Arzt verbot dem Kranken aufzustehen.* Schließlich

f) nach cógere und prohibére vornehmlich, wenn der Infinitiv passivisch ist: Claudius pacem cum Pyrrho fíeri prohíbuit. *Claudius verhinderte, dass Frieden mit Pyrrhus geschlossen wurde.*

In allen bisher genannten Fällen ist der A. c. I. Objekt. Wie aber der einfache Infinitiv bei unpersönlichen Ausdrücken Subjekt sein kann – siehe oben 6.2.1 –, so auch der A. c. I.: Errare humanum est. *Irren (Zu irren) ist menschlich.* / Me errare humanum est. *Dass ich irre, ist menschlich.*

Beachte: Der A. c. I. wird als innerlich abhängig empfunden; daher ist in Nebensätzen, welche von einem A. c. I. abhängen, der entsprechende Konjunktiv geboten. Ferner stehen im A. c. I. in Bezug auf das übergeordnete Subjekt **reflexive** Personal- und Possessivpronomina: Putat se erravisse. *Er (Sie) glaubt, dass er (sie) geirrt hat.* = ... *glaubt geirrt zu haben* (im Deutschen bei gleichem Subjekt einfacher Infinitiv!) – siehe 3.2.4.

6.2.3 *Der* nominativus cum infinitivo *(N. c. I.)*

Dem A. c. I. entspricht bei passiver Konstruktion der ***nominativus cum infinitivo*** (**N. c. I.**): Eine persönliche Passivform wird durch einen Infinitiv ergänzt, und zwar derart, dass das Subjekt der Passivform zugleich Subjekt des Infinitivs ist. Dieser N. c. I. steht

a) nach allen Formen von videri scheinen – z. B.: Puellae aegrotare videntur. *Die Mädchen scheinen krank zu sein.* Ferner

b) zumeist nach den nicht zusammengesetzten Formen der Verben des Sagens und Denkens – z. B.: Putor aegrotare. (Wörtlich:) *Ich werde geglaubt, krank zu sein.* = *Man glaubt, ich sei krank.* / Aegrotare dicuntur. (Wörtlich:) *Sie werden ge-sagt, krank zu sein.* = *Sie sind krank, wie gesagt wird* (*... wie es heißt*). – Die zusammengesetzten Formen haben den A. c. I. bei sich: Nuntiatum est puellas aegrotare. *Man richtete aus, dass die Mädchen krank seien.* Sowie

c) nach iúbeor, vetor, sinor, cogor und prohíbeor: Vetor vísere ae-grotas puellas. (Wörtlich:) *Ich werde verboten, die kranken Mädchen zu besuchen.* = *Man verbietet mir, die kranken Mädchen zu besuchen.*

6.3   Gerundium und Gerundivum

Vorbemerkung: Beide Verbalnomina sind durch ein -*nd*-Infix gekennzeichnet; gleichwohl ist es verfehlt, auf ihre Verwandt-schaft abzustellen, wie es neuerdings in Schullehrbüchern ge-schieht. Sie sind nämlich für die gegebene lateinische Sprache völlig verschieden definiert: Das Gerundium ist ein durchweg **aktives Verbalsubstantiv**, das Gerundivum ein **passives Ver-baladjektiv**.

6.3.1   *Das Gerundium*

Das **Gerundium** wird verwendet als Ersatz für die obliquen Kasus des substantivierten aktiven und medialen Infinitivs des Präsens. Im Deutschen (und Griechischen) werden solche Formen mit Hilfe des Artikels gebildet (»des Schreibens«, »dem Schreiben« usw.); dem Lateinischen fehlt diese Möglich-keit, da es keinen Artikel gibt. Deshalb heißt es: ars dilúcide scribendi (mit Adverb!) *die Kunst des deutlichen Schreibens* / Epistulam scribendo téneor (Bewahrung der Verbalrektion!). *Durch das Schreiben eines Briefes werde ich aufgehalten.* Der Dativ (auf -*o*) ist selten, der Akkusativ findet sich nur bei Prä-positionen, meist bei ad, gelegentlich bei in: Ad scribendum pa-ratus (-a) sum. *Zum Schreiben bin ich bereit.*

6.3.2 Das Gerundivum

Das **Gerundivum** wird als Verbaladjektiv attributiv, als Prädikatsnomen und als Prädikativum gebraucht. Ist es Attribut oder Prädikatsnomen, hat es stets den **Nebensinn der Notwendigkeit** (deutsch etwa »zu lobender, -e, -es«, »zu loben«).

6.3.2.1 Das Gerundivum als Attribut

Die **attributive Verwendung** ist eher selten – vgl. vir laudandus *ein zu lobender Mann = ein Mann, der gelobt werden muss (... den man loben muss) = ein lobenswerter Mann.*

6.3.2.2 Das Gerundivum als Prädikatsnomen

Außerordentlich häufig dagegen begegnet das Gerundivum als **Prädikatsnomen** in Verbindung mit der Kopula esse. Bei transitiven Verben wird es persönlich gebraucht: Vir laudandus est. *Der Mann ist zu loben (... muss gelobt werden). = Man muss den Mann loben.* / Puellae puniendae non sunt. *Die Mädchen sind nicht zu bestrafen (... müssen nicht bestraft werden). = Man muss (darf* [so oftmals in verneinten Sätzen!]*) die Mädchen nicht bestrafen.*

Bei intransitiven Verben (und absolut – d. h. ohne Ergänzung – gebrauchten transitiven Verben) wird es unpersönlich gebraucht: Imperatori parendum erat. *Dem Befehlshaber war zu gehorchen (... musste gehorcht werden). = Man musste dem Befehlshaber gehorchen (Man hätte ... gehorchen müssen[56]*). / Laudandum est. *Es ist zu loben (es muss gelobt werden). = Man muss loben (... müsste loben).* Die handelnde Person erscheint eventuell im *dativus auctoris*: Nautis vada vitanda sunt. (Wörtlich:) *Seeleuten sind Untiefen zu vermeiden. = Untiefen müssen von*

---

56 Insofern ein Ausdruck des Müssens vorliegt, der überdies noch unpersönlich ist. Grundsätzlich ist freilich für alle hier aufgeführten Sätze ein irreales Verständnis möglich – siehe 1.1.2.

Seeleuten vermieden werden. = *Seeleute müssen Untiefen ver-meiden.* / Ei laudandum est. (Wörtlich:) *Ihm ist zu loben.* = *Er muss loben (Er müsste loben).* Bei intransitiven Verben, die ei-nen Objektsdativ bei sich haben, wird der *dativus auctoris* nicht selten durch den Ablativ mit der Präposition a, ab er-setzt: Illi homini a nobis credendum est. *Wir müssen dem Mann da glauben.*

6.3.2.3 *Das Gerundivum als Prädikativum*

Als **Prädikativum** mit dem Nebensinn der Notwendigkeit steht das Gerundivum schließlich im Akkusativ bei den Verba dare, trádere, (per)míttere, curare usw.: Librum tibi legendum do. *Ich gebe dir das Buch als zu lesendes = … als eines, das gelesen werden muss (regelmäßig final: … damit du es liest).* / Pontem reficiendum curat. (Wörtlich:) *Er besorgt die Brücke als wieder-herzustellende.* = *Er lässt die Brücke wiederherstellen.*

Als **Prädikativum** ist ferner anzusehen das Gerundivum in seiner alten Verwendung – **ohne** den Nebensinn der Notwen-digkeit! – als **passives Präsensstammpartizip**: Superstitione tollenda non tóllitur religio. *Indem / dadurch, dass der Aberglaube beseitigt wird, wird nicht die Religion beseitigt.* Da genauso gut superstitionem tollendo (instrumentaler Ablativ des Gerundi-ums) gesagt werden könnte und in der Tat beide Konstruk-tionen konkurrieren, ist es erlaubt, die Gerundivkonstruktion regelmäßig wie die Konstruktion mit Gerundium zu überset-zen (»durch das Beseitigen des Aberglaubens …«), *zumal nach einer Präposition allein die Gerundivkonstruktion zulässig ist* – vgl.: Cicero librum scripsit de contemnenda[57] morte. *Cicero schrieb ein Buch über das Verachten des Todes.* = *… über die Verach-tung des Todes.* Überhaupt ist die Gerundivkonstruktion häu-figer anzutreffen, doch gilt der Konstruktion mit Gerundium

---

57 In diesem Satz wird augenfällig, wie der Nebensinn der Notwendigkeit aufge-kommen ist: *… über den Tod als verachtet werdenden* (passives Präsensstamm-partizip) > *… über den Tod als zu verachtenden.*

der Vorzug, wenn das Objekt das Neutrum eines Pronomens ist oder ein substantiviertes Adjektiv im Plural: cupíditas id videndi *die Gier, das zu sehen* / ars vera et falsa diiudicandi *die Kunst, Wahres und Falsches zu unterscheiden.*

Beachte: Die Verba uti, frui, fungi, vesci und potiri können, da ursprünglich auch mit dem Akkusativ verbunden, in den vorgenannten Konstruktionen als Gerundiva verwendet werden: In munéribus fungendis diligentiam ádhibet. *Bei der Verwaltung seiner Ämter geht er sorgfältig vor.*

Unterscheide pro libertate recuperata *mit/nach der Wiedergewinnung der Freiheit* von pro libertate recuperanda *zur Wiedergewinnung der Freiheit*: Die Gerundivkonstruktion bezeichnet nie eine zurückliegende Handlung.

6.4   Die Supina

Die **Supina** sind **Verbalsubstantive** der *u*-Deklination auf -(t)um bzw. -(t)u, das Supin I ein Zielakkusativ, das Supin II mutmaßlich ein finaler Dativ. Demgemäß sind sie unveränderlich.

6.4.1   *Das Supin I*

Das **Supin I** steht bei Verben der Bewegung anstelle eines finalen Adverbialsatzes: Spectatum veniunt, veniunt spectentur ut ipsae. *Um zu sehen, kommen sie, sie kommen, damit sie selbst gesehen werden.*

Beachte: Der passive Infinitiv des Futurs wird mit Hilfe des Supins I + iri gebildet; daher ist das -tum (-sum) immer unveränderlich: Urbem obsessum iri árbitror. (Wörtlich:) *Ich glaube, dass man geht, um die Stadt zu belagern. = Ich glaube, dass man die Stadt belagern wird. = Ich glaube, dass die Stadt nächstens*[58] *belagert wird.*

---

58 Verwendung eines geeigneten Adverbs, um das umständliche deutsche passive Futur »werden wird« usw. zu vermeiden.

6.4.2 *Das Supin II*

Das **Supin II** steht in der Hauptsache bei Adjektiven auf die Frage »wofür?«, »in Bezug worauf?«. Im Deutschen folgt auf das Adjektiv eine Infinitivkonstruktion mit »zu« – vgl.: Difficile erat dictu, uter praemio dignus esset. *Es war schwer zu sagen, wer von beiden den Preis verdiente.* Die Konstruktion ist auf bestimmte Adjektive und Supina beschränkt.

Teil 3: Die Formen des Nomens und des Pronomens

Vorbemerkung: Von den acht Kasus der indogermanischen Grundsprache hat das Lateinische sechs bewahrt, über die im Deutschen gewohnten vier Fälle hinaus des Weiteren den **Vokativ** und den **Ablativ**. Von diesen ist der Vokativ, der Anredefall, in besonderen Formen nur unvollständig erhalten und auf die Wörter auf -us der zweiten Deklination beschränkt. Der hingegen stets bewahrte Ablativ, der Fall der Trennung (Separativ), hat die verbleibenden Kasus der Grundsprache, den **Instrumental**, den Fall des Mittels, der Begleitung, und den **Lokativ**, den Fall des Ortes, sich eingegliedert (Kasussynkretismus). Isoliert überkommene lokativische Formen sind die scheinbaren Genitive von Städtenamen im Singular der ersten beiden Deklinationen (Romae *in Rom*, Corínthi *in Korinth* – vgl. die singulären Lokative domi *zu Hause*, ruri *auf dem Lande*, humi *auf dem Boden*!).

Beachte: Die im Folgenden aufgeführten Paradigmata sind nicht immer in allen Formen belegt.

1 Die Deklination des Nomens (d. h. des Substantivs und des Adjektivs)

Die lateinische Grammatik unterscheidet traditionell fünf Deklinationsklassen. Tatsächlich umfasst die sog. dritte Deklination zwei Klassen, die konsonantische und die *i*-Deklination: Beide sind nicht selten untereinander vermischt und haben so Anlass gegeben, sie in einer Klasse zusammenzufassen.

Allgemeine Regeln: Alle Neutra haben im Nominativ und Akkusativ dieselbe Form; im Plural geht diese immer auf -a aus. Alle Akkusative mit Ausnahme der Neutra enden im Singular auf Kurzvokal + *m*, im Plural auf Langvokal + *s*. Alle Dative und Ablative des Plurals zeigen stets dieselbe Form.

1.1   Die erste Deklination (*a*-Deklination)

	Singular	Plural
Nominativ	mens**a**	mens**ae**
Genitiv	mens**ae**	mens**árum**
Dativ	mens**ae**	mens**is**
Akkusativ	mens**am**	mens**as**
Ablativ	mens**a** (*a* im Unterschied zum Nominativ lang gemessen)	mens**is**

Die Substantiva der ersten Deklination sind regelmäßig **Femi-nina**. Bezeichnen sie allerdings eine männliche Person oder einen Fluss (d. h. einen Flussgott), sind sie **Maskulina** (sog. **natürliches Geschlecht**) – vgl. agrícola *Bauer*, nauta *Seemann*, tránsfuga *Überläufer*, Mosélla *(der Fluss) Mosel*.

Merke pater famíli**as** mit altem Genitivausgang!

1.2   Die zweite Deklination (*o*-Deklination [mit teilweise zu *u* geschwächtem *o*])

1.2.1   *Maskulina der* o-*Deklination auf* -us

	Singular	Plural
Nominativ	médic**us**	médic**i**
Genitiv	médic**i**	medic**órum**
Dativ	médic**o**	médic**is**
Akkusativ	médic**um**	médic**os**
Ablativ	médic**o**	médic**is**
Vokativ	médic**e**	médic**i**

1.2.2 *Maskulina der o-Deklination auf -er (Wortstock puer-)*

	Singular	Plural
Nominativ	puer	púeri
Genitiv	púeri	puer**órum**
Dativ	púero	púer**is**
Akkusativ	púer**um**	púer**os**
Ablativ	púero	púer**is**
Vokativ	puer	púeri

Wie puer wird vir *Mann* dekliniert (vir, viri usw.).

1.2.3 *Maskulina der o-Deklination auf -er (Wortstock agr-)*

	Singular	Plural
Nominativ	ager	agri
Genitiv	agri	agr**órum**
Dativ	agro	agr**is**
Akkusativ	agr**um**	agr**os**
Ablativ	agro	agr**is**
Vokativ	ager	agri

1.2.4 *Neutra der o-Deklination*

	Singular	Plural
Nominativ	fatum	fata
Genitiv	fati	fat**órum**
Dativ	fato	fat**is**
Akkusativ	fatum	fata
Ablativ	fato	fat**is**

Die Substantiva auf -us und -er sind regelmäßig **Maskulina**, die auf -um stets **Neutra**. **Feminina** auf -us sind Bäume (d. h. Baumnymphen), Länder und Städte, wie buxus *Buchsbaum*,

Aegýptus *Ägypten*, Corínthus *Korinth*, ferner humus *Erdboden*;
Neutra auf -us sind vulgus *das einfache Volk* und virus *Gift* usw.

Eigennamen, die auf -ius ausgehen, haben im Vokativ den
Ausgang -i (< -ie) – vgl. Vergíli! Merke ferner mi filí! *mein Sohn!*

Eigennamen auf -ius und die Neutra auf -ium bilden den Genitiv auch auf -i (< -ii) – vgl. Vergíli, ingéni.

Den ersten beiden Deklinationen folgen die meisten Adjektive wie altus, alta, altum usw., der **Superlativ** auf -íssimus
(-limus, -rimus) der Adjektive wie altíssimus, -a, -um (facíllimus,
-a, -um, pluchérrimus, -a, -um), felicíssimus, -a, -um usw. und das
Possessivpronomen – siehe 2.2 –, ferner das Perfektstammpartizip, z. B. laudátus, -a, -um, das Futurstammpartizip, z. B. laudadatúrus, -a, -um, sowie das Gerundivum, z. B. laudándus, -a, -um.

1.3 Die dritte Deklination (konsonantische und *i*-Deklination)

Kennzeichen der **konsonantischen Deklination** sind die Ausgänge -em, -e, -um, -es, im Neutrum -a.

Kennzeichen der *i*-**Deklination** sind die Ausgänge -im, -i,
-ium, -is, im Neutrum -ia.

1.3.1 *Die konsonantische Deklination*

a) Maskulina und Feminina (in der Regel)

	Singular	Plural
Nominativ	consul	cónsul**es**
Genitiv	cónsul**is**	cónsul**um**
Dativ	cónsul**i**	consúl**ibus**
Akkusativ	cónsul**em**	cónsul**es**
Ablativ	cónsul**e**	consúl**ibus**

Wie diese Stämme auf -*l* deklinieren auch die Stämme auf -*r* –
vgl. Caesar, Caésaris, labor, labóris.

Merke: Wegen seines kurzen *o* wird árbor, árboris (Femininum) mit Ausnahme von arbóribus stets auf der ersten Silbe betont.

	Singular	Plural
Nominativ	vox (= vocs, also mit Nominativ-*s*)	voces
Genitiv	vocis	vocum
Dativ	voci	vócibus
Akkusativ	vocem	voces
Ablativ	voce	vócibus

b) Neutra

	Singular	Plural
Nominativ	tempus	témpora
Genitiv	témporis	témporum
Dativ	témpori	tempóribus
Akkusativ	tempus	témpora
Ablativ	témpore	tempóribus

Einige wenige Adjektive der dritten Deklination haben konsonantische Endungen, nämlich dives, dívitis; pauper, paúperis; vetus, véteris; princeps, príncipis; párticeps, partícipis; compos, cómpotis; sospes, sóspitis; supérstes, supérstitis. Konsonantisch ist auch die Deklination des **Komparativs** auf -ior, -ior, -ius – vgl. altióre, altióra, altiórum zu altus, alta, altum.

1.3.2 *Die sog. Mischdeklination*

Die **Mischdeklination** entlehnt den Genitiv-Ausgang -ium der *i*-Deklination, während alle übrigen Ausgänge der konsonantischen Deklination entstammen. Zur Mischdeklination gehören regelmäßig die ›Gleichsilber‹, d.h. die Substantive, deren Silbenzahl im Nominativ und Genitiv gleich ist, sowie Substantive, deren Stamm auf mehr als *einen* Konsonanten endet:

	Singular		Plural	
Nominativ	nubes	ars[1]	nubes	artes
Genitiv	nubis	artis	núbium	ártium
Dativ	nubi	arti	núbibus	ártibus
Akkusativ	nubem	artem	nubes	artes
Ablativ	nube	arte	núbibus	ártibus

1 Entstanden aus art-**s**.

Ausnahmen sind die Genitive patrum, matrum, fratrum, canum, sedum, iuvenum. Im Übrigen schwankt die Bildung des Genitivs im Laufe der Jahrhunderte, gibt das Lexikon nähere Auskunft.

Zur Mischdeklination im weiteren Sinne gehören auch die **Partizipien des Präsensstamms**, die im Singular konsonantisch flektieren, im Plural aber -ia und -ium zeigen, sowie die überwiegende Zahl der **Adjektive der dritten Deklination**, insoweit sie das *-e-* im Akkusativ des maskulinen und femininen Singulars und Plurals bewahren (-em anstelle des -im, -es anstelle des -is der *i*-Deklination) – ansonsten lauten die Endungen wie in der *i*-Deklination -i, -ia und -ium:

	Singular			Plural		
Nom.	laudans[1]	laudans[1]	laudans[2]	laudántes	laudántes	laudántia
Gen.	laudántis	laudántis	laudántis	laudántium	laudántium	laudántium
Dat.	laudánti	laudánti	laudánti	laudántibus	laudántibus	laudántibus
Akk.	laudántem	laudántem	laudans[1]	laudántes	laudántes	laudántia
Abl.	laudánte	laudánte	laudánte	laudántibus	laudántibus	laudántibus

1 Entstanden aus laudant-**s**.
2 Entstanden aus laudant-**s** (mit Nominativ-s auch im Neutrum und entsprechendem Akkusativ laudans!).

Beachte: Werden Präsensstammpartizipien als adjektivische Attribute gebraucht, haben sie im Ablativ des Singulars regelmäßig *-i* – vgl. in praesénti perículo *in der gegenwärtigen Gefahr*.

	Singular			Plural		
Nominativ	acer	acris	acre	acres	acres	ácria
Genitiv	acris	acris	acris	ácrium	ácrium	ácrium
Dativ	acri	acri	acri	ácribus	ácribus	ácribus
Akkusativ	acrem	acrem	acre	acres	acres	ácria
Ablativ	acri	acri	acri	ácribus	ácribus	ácribus

	Singular			Plural		
Nominativ	gravis	gravis	grave	graves	graves	grávia
Genitiv	gravis	gravis	gravis	grávium	grávium	grávium
Dativ	gravi	gravi	gravi	grávibus	grávibus	grávibus
Akkusativ	gravem	gravem	grave	graves	graves	grávia
Ablativ	gravi	gravi	gravi	grávibus	grávibus	grávibus

	Singular			Plural		
Nominativ	felix[1]	felix[1]	felix[2]	felíces	felíces	felícia
Genitiv	felícis	felícis	felícis	felícium	felícium	felícium
Dativ	felíci	felíci	felíci	felícibus	felícibus	felícibus
Akkusativ	felícem	felícem	felix[1]	felíces	felíces	felícia
Ablativ	felíci	felíci	felíci	felícibus	felícibus	felícibus

1 = felic-**s**.
2 = felic-**s** (mit Nominativ-s auch im Neutrum und entsprechendem Akkusativ felix!).

Anstelle des maskulinen und femininen Akkusativausgangs im Plural -es begegnet allerdings nicht selten -is aus der *i*-Deklination (ac**ris** = ac**res**).

1.3.3 *Die* i-*Deklination*

Die *i*-**Deklination** beschränkt sich auf einige wenige **feminine** Substantive, nämlich turris, puppis, febris, secúris, sitis, auf das defektive vis, dem der Genitiv und Dativ im Singular fehlen (Akkusativ vim, Ablativ vi; Plural regelmäßig vires, vírium usw.), sowie auf einige Städtenamen wie Neápolis. **Maskulin** sind allein Flussnamen wie Tíberis, Albis usw. Im **Neutrum** folgen der

i-Deklination die Nomina auf -ar, -e, -al (Merkwort »Areal«)
wie exémplar, mare, ánimal:

	Singular		Plural	
Nominativ	turris	exémplar	turres (!)	exemplária
Genitiv	turris	exempláris	túrrium	exemplárium
Dativ	turri	exemplári	túrribus	exempláribus
Akkusativ	turrim	exémplar	turris	exemplária
Ablativ	turri	exemplári	túrribus	exempláribus

1.4   Die vierte Deklination (*u*-Deklination)

	Singular		Plural	
Nominativ	magistrátus	cornu	magistrátus	córnua
Genitiv	magistrátus	cornus	magistrátuum	córnuum
Dativ	magistrátu(i)	córnu(i)	magistrátibus	córnibus
Akkusativ	magistrátum	cornu	magistrátus	córnua
Ablativ	magistrátu	cornu	magistrátibus	córnibus

Die Wörter der vierten Deklination auf -us sind regelmäßig
Maskulina, die auf -u **Neutra**. **Feminina** sind lediglich domus,
manus, pórticus, acus, tribus und der Plural Idus (Genitiv Íduum).
Davon entlehnt domus seinen Ablativ des Singulars und seinen
Akkusativ des Plurals der zweiten Deklination: domo, domos;
im Genitiv des Plurals stehen dómuum und domórum nebenein-
ander.

1.5   Die fünfte Deklination (*e*-Deklination)

	Singular		Plural	
Nominativ	dies	res	dies	res
Genitiv	diéi	réi	diérum	rerum
Dativ	diéi	réi	diébus	rebus
Akkusativ	diem	rem	dies	res
Ablativ	die	re	diébus	rebus

Das -*e*- im Genitiv und Dativ des Singulars ist nach Vokal
lang, nach Konsonant kurz gemessen. Von fides beispielshalber
lauten der Genitiv und der Dativ entsprechend fídei.

Die Substantive der fünften Deklination sind regelmäßig
Feminina; nur dies und merídies sind **Maskulina**. In der Bedeutung *Termin, Frist* ist auch dies Femininum.

2 Die Deklination des Pronomens

2.1 Das Personalpronomen

Singular	1. Person	2. Person	3. Person
Nominativ	ego	tu	–
Genitiv	mei	tui	sui
Dativ	mihi	tibi	sibi
Akkusativ	me	te	se
Ablativ	(a) me	(a) te	(a) se

Plural	1. Person	2. Person	3. Person
Nominativ	nos	vos	–
Genitiv	nostri (nostrum)	vestri (vestrum)	sui
Dativ	nobis	vobis	sibi
Akkusativ	nos	vos	se
Ablativ	(a) nobis	(a) vobis	(a) se

Der Nominativ des Personalpronomens wird nur verwendet,
wenn es betont ist. Nostrum und vestrum sind partitive Genitive
(genitivi partitivi): Quis vestrum? *Wer von euch?* Die Pronomina
der 3. Person sind im Singular und Plural stets reflexiv – daher
das Fehlen des Nominativs! An die Stelle der nichtreflexiven
Personalpronomina treten die Demonstrativpronomina is, ea,
id, betont ille, illa, illud – siehe 2.3.2 bzw. 2.3.1.

2.2   Das Possessivpronomen

Singular	Plural
meus, mea, meum	noster, nostra, nostrum
tuus, tua, tuum	vester, vestra, vestrum
suus, sua, suum	suus, sua, suum

Das Possessivpronomen flektiert wie die Nomina der o- und der a-Deklination – siehe 1.2 bzw. 1.1. Im Gegensatz zum Deutschen richtet es sich im Genus nach seinem unmittelbaren Beziehungswort; daher heißt es z. B. Túllia fíli**um** su**um** amat. *Tullia liebt **ihren** Sohn.* Suus ist gleich den Personalpronomina sui usw. stets reflexiv; das nichtreflexive Besitzverhältnis bezeichnen die Genitive eius (Singular) und eórum, eárum (Plural) – siehe 2.3.2 –: (Ego) Fílium **eius** amo. *Ich liebe ihren* (d. h. Tullias) *Sohn,* im Gegensatz zum reflexiven Verhältnis des Satzes Túllia fílium **suum** amat.

Das Possessivpronomen wird nur gebraucht, wenn ein Besitzverhältnis hervorgehoben werden soll.

2.3   Das Demonstrativpronomen

2.3.1   *Die Demonstrativa* hic, iste *und* ille

Im Lateinischen unterscheidet man (entsprechend den Personen »ich«, »du«, »er« [»sie«, »es«], »wir«, »ihr«, »sie«) die drei Demonstrativa hic, iste und ille. Hic ist *der hier bei mir, bei uns* (vor Gericht »mein, unser Mandant«), iste *der da bei dir, bei euch* (vor Gericht »mein, unser Gegner«; daher oft pejorativ), ille *der da bei ihm, bei ihr, bei ihnen,* über den geredet (vor Gericht verhandelt) wird:

	Singular			Plural		
	Mask.	Fem.	Neutr.	Mask.	Fem.	Neutr.
Nominativ	hic	**haec**	hoc	hi	hae	**haec**
Genitiv	huius	huius	huius	horum	harum	horum
Dativ	huic	huic	huic	his	his	his
Akkusativ	hunc	hanc	hoc	hos	has	**haec**
Ablativ	hoc	hac	hoc	his	his	his

Das schließende -c von hic, haec, hoc usw. ist eine hinweisende (deiktische) Partikel, die in ihrer Vollform -ce verstärkend auch an die mit -s endenden Formen treten kann (huiúsce usw.). Das o und das a der Ablative hoc, hac, hoc sind jeweils lang gemessen.

	Singular			Plural		
	Mask.	Fem.	Neutr.	Mask.	Fem.	Neutr.
Nominativ	iste	ista	istud	isti	istae	ista
Genitiv	istíus	istíus	istíus	istórum	istárum	istórum
Dativ	isti	isti	isti	istis	istis	istis
Akkusativ	istum	istam	istud	istos	istas	ista
Ablativ	isto	ista	isto	istis	istis	istis

	Singular			Plural		
	Mask.	Fem.	Neutr.	Mask.	Fem.	Neutr.
Nominativ	ille	illa	illud	illi	illae	illa
Genitiv	illíus	illíus	illíus	illórum	illárum	illórum
Dativ	illi	illi	illi	illis	illis	illis
Akkusativ	illum	illam	illud	illos	illas	illa
Ablativ	illo	illa	illo	illis	illis	illis

2.3.2 *Das Demonstrativum* is, ea, id

Das Demonstrativpronomen is, ea, id ist zunächst Ersatz für das fehlende nichtreflexive Personalpronomen der 3. Person im Singular und Plural (*er, sie, es, sie*) – siehe 2.1 –, dann Demonstrativum vor dem Relativum (*derjenige[, der], diejenige [, die], dasjenige[, das]*) und schließlich schwach betontes *dieser, diese, dieses*:

	Singular			Plural		
	Mask.	Fem.	Neutr.	Mask.	Fem.	Neutr.
Nom.	is	ea	id	ii (ei, i)	eae	ea
Gen.	eius	eius	eius	eórum	eárum	eórum
Dat.	ei	ei	ei	eis (iis, is)	eis (iis, is)	eis (iis, is)
Akk.	eum	eam	id	eos	eas	ea
Abl.	eo	ea	eo	eis (iis, is)	eis (iis, is)	eis (iis, is)

2.3.3 *Das Demonstrativum* idem, éadem, idem

Das Demonstrativum idem, éadem, idem ist eine Zusammensetzung aus is, ea, id und dem Suffix -(d)em (das *d* erklärt sich aus falscher Zerlegung von idem in i-dem statt id-em und dem gleichzeitigen Bedürfnis, in zahlreichen anderen Formen schwer erträgliche Hiate zu vermeiden):

	Singular			Plural		
	Mask.	Fem.	Neutr.	Mask.	Fem.	Neutr.
Nom.	idem	éadem	idem	idem (íi-)	eaédem	éadem
Gen.	eiúsdem	eiúsdem	eiúsdem	eorúndem	earúndem	eorúndem
Dat.	eídem	eídem	eídem	eísdem (iís-, is-)	eísdem (iís-, is-)	eísdem (iís-, is-)
Akk.	eúndem	eándem	idem	eósdem	eásdem	éadem
Abl.	eódem	eádem	eódem	eísdem (iís-, is-)	eísdem (iís-, is-)	eísdem (iís-, is-)

2.3.4 *Das Demonstrativum* ipse

Das Demonstrativum ipse *selbst* (im Deutschen unflektiert!) dekliniert wie ille; allein Nominativ und Akkusativ im Singular des Neutrums folgen der Nominalflexion und lauten ip**sum**.

2.4 Das Relativpronomen und das Interrogativpronomen

Das Relativpronomen und das adjektivische Interrogativpronomen stimmen im Lateinischen überein. Das substantivische Interrogativum hat als Sonderformen lediglich quis (Nominativ) und quid (Nominativ und Akkusativ) *wer* bzw. *was*; die übrigen Formen entsprechen den adjektivischen:

	Singular			Plural		
	Mask.	Fem.	Neutr.	Mask.	Fem.	Neutr.
Nominativ	qui	**quae**	quod	qui	quae	**quae**
Genitiv	cuius	cuius	cuius	quorum	quarum	quorum
Dativ	cui	cui	cui	quibus	quibus	quibus
Akkusativ	quem	quam	quod	quos	quas	**quae**
Ablativ	quo	qua	quo	quibus	quibus	quibus

Als verallgemeinernde Relativa kennt das Lateinische das in der Regel substantivische quisquis, quidquid *wer auch immer, was auch immer* – in klassischer Sprache ist es mit Ausnahme von adjektivischem quoquo (modo) auf diese Formen beschränkt – sowie das meist adjektivische quicúmque, quaecúmque, quodcúmque, das aus dem Relativum und dem Suffix -cumque zusammengesetzt ist und, soweit belegt, wie das Relativum flektiert.

2.5   Das Indefinitpronomen

2.5.1   *Das Indefinitpronomen für deutsch* jemand (etwas), irgendein(e)

Es ist unterschieden nach betontem und tonlosem und nach positivem und negativem Gebrauch:

	substantivisch *jemand, etwas*		adjektivisch *irgendein(e)*		
positiver Gebrauch	aliquis (tonlos) quis	aliquid quid	aliqui (tonlos) qui	aliqua quae (qua)	aliquod quod
negativer Gebrauch	quisquam	quidquam	ullus	ulla	ullum

Aliquis und aliqui, nach si, nisi, ne, num und Relativa stattdessen auch tonloses (enklitisches) quis und qui, finden sich in positiven, quisquam und ullus in negativen Sätzen.

Die Formen aliqua und qua entstammen der Nominalflexion, in der das -a u. a. den Nominativ des Singulars der a-Deklination kennzeichnet – vgl. mensa in 1.1; sie begegnen, entlehnt aus der Nominalflexion, auch als Nominativ und Akkusativ des Plurals im Neutrum. Ansonsten flektieren aliqui(s) und qui(s) sowie quisquam, soweit belegt, wie das Interrogativpronomen. Ullus, ulla, ullum folgen der o- und der a-Deklination, haben aber im Genitiv des Singulars in allen drei Genera ullíus, im Dativ ulli.

2.5.2 Das Indefinitpronomen für deutsch jeder

substantivisch			adjektivisch		
(unus)quisque (unius)cuiūsque (uni)cuique usw.		(unum)quidque (unius)cuiūsque (uni)cuique usw.	(unus)quisque (unius)cuiūsque (uni)cuique usw.	(una)quaeque (unius)cuiūsque (uni)cuique usw.	(unum)quodque (unius)cuiūsque (uni)cuique usw.
quivis cuiūsvis usw.	quaevis cuiūsvis usw.	quidvis cuiūsvis usw.	quivis cuiūsvis usw.	quaevis cuiūsvis usw.	quodvis cuiūsvis usw.
quilibet cuiūslibet usw.	quaelibet cuiūslibet usw.	quidlibet cuiūslibet usw.	quilibet cuiūslibet usw.	quaelibet cuiūslibet usw.	quodlibet cuiūslibet usw.

(Unus)quisque bedeutet *jeder einzelne,* quivis und quílibet *jeder beliebige.* Quisque allein ist tonlos (enklitisch) und folgt in der Regel dem Reflexivum suus, einem Relativ- oder Interrogativpronomen, einem Superlativ oder einer Ordnungszahl – vgl.: Suum cuique! *Jedem das Seine!* / Quid quisque audívit? *Was hat jeder (einzelne) gehört?* / nobilíssimus quisque *gerade die Vornehmsten* / quinto quoque anno *alle vier Jahre.*

2.5.3 Das Indefinitpronomen für deutsch *ein* gewisser

Singular (substantivisch)			Plural (substantivisch)		
quidam	**quaedam**	quiddam	quidam	quaedam	**quaedam**
cuiúsdam	cuiúsdam	cuiúsdam	quorúndam	quarúndam	quorúndam
cuidam	cuidam	cuidam	quibúsdam	quibúsdam	quibúsdam
quendam	quandam	quiddam	quosdam	quasdam	**quaedam**
quodam	quadam	quodam	quibúsdam	quibúsdam	quibúsdam

Die adjektivischen Formen unterscheiden sich allein in quoddam für quiddam.

2.5.4 Das Indefinitpronomen für deutsch niemand (nichts), kein(e)

	substantivisch		adjektivisch		
Nominativ	nemo (niemand)	nihil (nichts)	nullus (kein)	nulla (keine)	nullum (kein)
Genitiv	nullíus	nullíus réi	nullíus	nullíus	nullíus
Dativ	némini	nulli réi	nulli	nulli	nulli
Akkusativ	néminem	nihil	nullum	nullam	nullum
Ablativ	nullo	nulla re	nullo	nulla	nullo

Merke: Wie nullus, d.h. mit Genitiv und Dativ des Singulars aller drei Genera auf -íus bzw. -i, im Übrigen aber nach der *o*- und *a*-Deklination, flektieren die sog. Pronominaladjektive unus, solus, totus, alter, uter, neuter; vgl. auch ullus 2.5.1. Álius übernimmt den Genitiv alteríus von alter, hat im Dativ álii neben álteri.

2.6   Die *pronomina correlativa*

Die *pronomina correlativa* (d.h. der Wechselbeziehung) wie talis – qualis usw. sowie die Pronominaladverbien wie ubi – ibi – alícubi usw. sind der Wortkunde oder dem Lexikon zu entnehmen.

(Zu den deklinierbaren Wörtern [*declinabilia*] gehören auch die Zahlwörter [*numeralia*]. Über sie gibt das Lexikon die nötige Auskunft.)

Sachverzeichnis zu Teil 2:
Die Syntax des Verbs[1]

[1] Hauptsächliche Belegstellen sind durch Kursivdruck hervorgehoben.